L'histoire de France

– C'est pas la race parceque ca change
tout le temps

– la langue peutetre mais c'est aussi trop
simple. l'homme est resonable
– pas réligion
– pas intéretes
– la géographie

Gérard LABRUNE
Philippe TOUTAIN
Annie ZWANG

– au fin c'est compliqué

Nathan

Chronologie

14 juillet 1989

Préhistoire

Antiquité

Moyen Âge

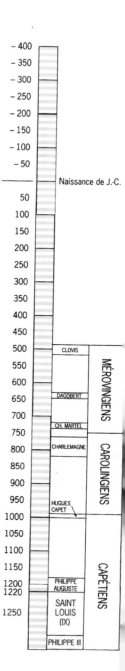

© Nathan 2007 – ISBN 978-2-09-160429-9
© Nathan, 25 avenue Pierre-de-Coubertin, 75013 Paris, août 2011 pour la présente édition
ISBN 978-2-09-161715-2

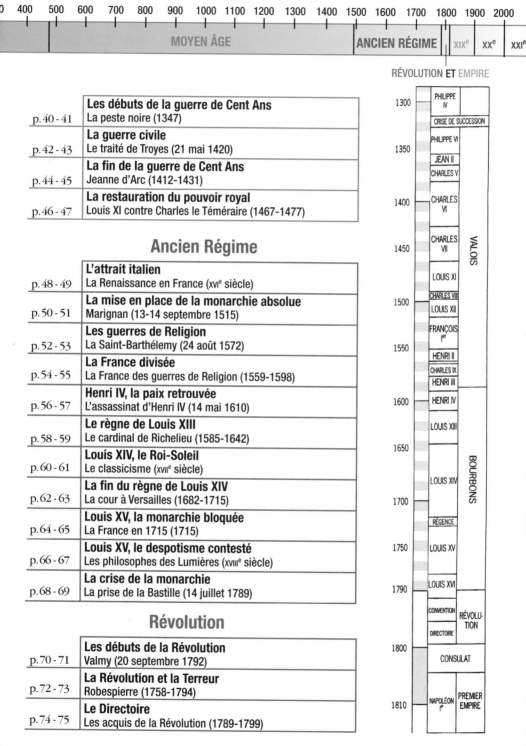

XIXe siècle

p. 76 - 77	**Le Consulat** Une nouvelle organisation du pays (1800-1815)
p. 78 - 79	**L'Empire** Napoléon Bonaparte (1769-1821)
p. 80 - 81	**La Restauration** La conquête de l'Algérie (1830)
p. 82 - 83	**La monarchie de Juillet** La République proclamée (25 février 1848)
p. 84 - 85	**La IIe République** La République confisquée (2 décembre 1851)
p. 86 - 87	**L'empire autoritaire** Le Paris d'Hausmann (1860)
p. 88 - 89	**L'empire libéral** Le monde ouvrier sous le second Empire (1852-1870)
p. 90 - 91	**La naissance de la IIIe République** La Commune (18 mars-28 mai 1871)
p. 92 - 93	**La victoire des républicains** Les impressionnistes (1874-1886)
p. 94 - 95	**La République opportuniste** Jules Ferry (1832-1893)
p. 96 - 97	**La République modérée** L'affaire Dreyfus (1894-1906)

XXe siècle

p. 98 - 99	**La « Défense républicaine »** La querelle des inventaires (1906)
p. 100 - 101	**La montée des périls** L'été 1914 (28 juin 1914)
p. 102 - 103	**L'Union sacrée** Les Français dans la guerre totale (1914-1918)
p. 104 - 105	**La fin de la guerre** Les traités de paix (1919-1920)
p. 106 - 107	**Le Bloc national** Le congrès de Tours (25-30 décembre 1920)
p. 108 - 109	**De l'union nationale à la crise** Raymond Poincaré (1860-1934)
p. 110 - 111	**L'impuissance face à la crise** La République déstabilisée (6 février 1934)
p. 112 - 113	**La victoire du Front populaire** Les grèves de 1936 (1936)

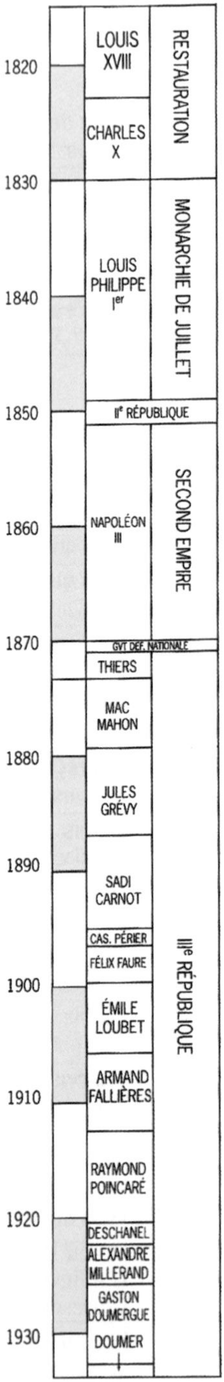

1820
1830
1840
1850
1860
1870
1880
1890
1900
1910
1920
1930
LOUIS XVIII
CHARLES X
LOUIS PHILIPPE Ier
IIe RÉPUBLIQUE
NAPOLÉON III
GVT DÉF. NATIONALE
THIERS
MAC MAHON
JULES GRÉVY
SADI CARNOT
CAS. PÉRIER
FÉLIX FAURE
ÉMILE LOUBET
ARMAND FALLIÈRES
RAYMOND POINCARÉ
DESCHANEL
ALEXANDRE MILLERAND
GASTON DOUMERGUE
DOUMER
RESTAURATION
MONARCHIE DE JUILLET
SECOND EMPIRE
IIIe RÉPUBLIQUE

PRÉHISTOIRE

ANTIQUITÉ

MOYEN ÂGE

ANCIEN RÉGIME

RÉVOLUTION

XIXᵉ SIÈCLE

XXᵉ SIÈCLE

XXIᵉ SIÈCLE

Le temps des chasseurs

Les hommes de l'âge paléolithique (âge de la pierre ancienne) vivent de la chasse et de la cueillette. Ils apprennent à utiliser, sur des dizaines de milliers d'années, des armes et des outils en pierre éclatée puis taillée. Ils travaillent les os des animaux morts, ils domestiquent le feu, ils s'abritent dans des cavernes, sur les parois desquelles ils développent de remarquables peintures.

– 1 800 000 **La première marque d'une présence humaine.** Cinq outils taillés sur des galets de quartz trouvés à Chillac (Haute-Loire) attestent la présence en ce lieu d'un homme ayant adopté la position verticale, l'*Homo erectus*.

– 1 000 000 **La création du biface.** D'abord simple galet de pierre grossièrement aménagé sur les deux faces, le biface a généralement une douzaine de centimètres de longueur, la forme d'une amande et présente sur les bords un tranchant sinueux que des retouches rendent peu à peu rectiligne. Il est utilisé par des chasseurs nomades qui poursuivent les rennes, les bisons, les grands bœufs (les aurochs) et les chevaux. Certains ont fréquenté le site de Tautavel (Pyrénées-Orientales), entre 690 000 et 300 000 ans avant notre ère. On y a découvert le plus ancien crâne d'homme connu sur le territoire français, au milieu d'accumulations d'ossements d'animaux et d'outils de pierre.

– 100 000 **L'homme de Neandertal** (de la vallée de la Néander, en Allemagne) (*Homo sapiens*). Ce nom désigne un groupe d'hommes particuliers qui vécut entre 100 000 et 35 000 ans av. J.- C. En France, un tel squelette a été retrouvé en 1908 dans la première sépulture humaine connue datée de – 40 000 ans, à La Chapelle-aux-Saints (Corrèze). Cet homme a une petite stature, 1,55 m, mais il est très robuste. Sa tête très volumineuse présente un énorme bourrelet osseux continu au-dessus des orbites. Il délaisse le biface, travaille les éclats rocheux et produit alors des perçoirs et des racloirs.

– 40 000 **La conquête du feu.** Le site de Terra Amata, près de Nice, révèle les plus anciens foyers construits d'Europe. Mais aucun vestige ne peut nous apprendre comment les hommes sont passés de l'observation du feu à une utilisation intentionnelle, ni même comment ils le produisaient.

– 35 000 **L'homme de Cro-Magnon** *(Homo sapiens)*. Ce nom désigne les restes humains trouvés dans l'abri de Cro-Magnon des Eyzies (Dordogne) et les populations qui y vécurent de 35 000 à 10 000 av. J.-C.

Cet homme a une taille supérieure à 1,75 m. Sa forme crânienne est proche de la nôtre. Il est capable de dégager dans le silex de véritables lames tranchantes. Il produit dans les os d'animaux des harpons, des sagaies, des propulseurs et même des aiguilles à chas qui permettent un ajustement étroit des peaux qui servent de vêtements.

– 27 000 **La première expression artistique.** L'homme de Cro-Magnon crée des sculptures, souvent de petite dimension : la plus célèbre est la dame de Brassempouy (3,6 cm), dans les Landes. Il montre aussi une maîtrise de la peinture : la grotte Cosquer et la grotte de Lascaux en offrent des exemples mondialement connus.

COSQUER, LASCAUX

◼️ Deux grottes ornées

La grotte Cosquer, près de Marseille, et la grotte de Lascaux, en Dordogne, ont été respectivement découvertes en 1991 et en 1940. Les dessins les plus anciens de la grotte Cosquer datent de 27 000 av. J.-C., ceux de Lascaux de 15 000 av. J.-C. Toutes deux se distinguent des autres grottes ornées par la richesse des peintures et des signes qu'elles abritent.

◼️ Des bestiaires abondants

Sur les parois de la grotte Cosquer figurent 200 animaux, sur celles de Lascaux, 600. Dans les deux cas, les chevaux dominent. Dans la grotte Cosquer viennent ensuite les bouquetins et les chamois mais aussi neuf phoques, trois pingouins et des figures noires, des méduses. Cela s'explique par sa situation côtière. À Lascaux, ce sont, après les chevaux, les cerfs, les vaches et les taureaux qui ornent les murs ; le plus grand est long de 5,50 m. Dans les deux grottes figure enfin une curieuse scène avec un homme tué, sommairement dessiné.

À Lascaux, dans la salle dite « des taureaux », deux gigantesques aurochs en situation d'affrontement s'imposent au regard. Chevaux et cervidés sont représentés en plus petite taille sur la paroi.

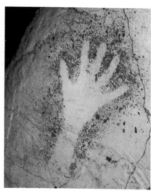

Une des soixante-cinq mains de la grotte Cosquer

◼️ Des sanctuaires mystérieux

Les deux grottes n'ont pas été habitées. On est en présence de sanctuaires dans lesquels, à la lueur de lampes alimentées à la graisse animale, des hommes ont représenté un ensemble de figures animales et de signes diversifiés au sens mystérieux : on en compte 270 dans la grotte Cosquer, 400 à Lascaux.

> Cosquer, Lascaux, c'est la représentation d'un univers dominé par la présence des bêtes qui contribuent à la vie puisque le chasseur paléolithique en tire tout ce dont il a besoin : viande, os, cuir, fourrure.

PRÉHISTOIRE

ANTIQUITÉ

MOYEN ÂGE

ANCIEN RÉGIME

RÉVOLUTION

XIXe SIÈCLE

XXe SIÈCLE

XXIe SIÈCLE

Les premiers cultivateurs

Les hommes du Néolithique (âge de la pierre nouvelle) découvrent l'agriculture et la domestication des animaux. Ils apprennent à fabriquer des poteries et à travailler le métal. Ils deviennent peu à peu sédentaires, constituent des communautés qui se structurent et se particularisent. Parmi les civilisations qui naissent, il en est une qui développe l'art des mégalithes (grosses pierres).

– 8 000   **Les premiers archers.** En permettant de tirer à distance sur un animal, l'arc accroît l'efficacité de la chasse et en réduit les risques.

– 4 650   **La première culture.** À Courthézon (Vaucluse), la présence de lames et de meules dans un groupement de cabanes atteste d'une culture céréalière, sans qu'il soit possible de savoir comment est née cette culture.

– 4 500   **Les civilisations de la révolution néolithique.** Au-delà du fonds commun qui les rapproche, des civilisations néolithiques s'individualisent.

La civilisation cardiale, ainsi nommée à cause du décor des poteries imprimé à l'aide d'un coquillage, le coque ou cardium, se développe dans le sud-est de la France. Elle connaît le polissage des haches de pierre, les céréales, l'élevage du bœuf et du mouton.

La civilisation danubienne (du Danube) a pénétré plus au nord. Elle pratique l'agriculture sur un sol enrichi par les cendres des broussailles brûlées sur place après déboisement. Ces cultivateurs élèvent des bœufs, des porcs, vivent dans de grandes maisons rectangulaires en bois et ornent leurs poteries de motifs continus en rubans.

La civilisation mégalithique, en Bretagne et dans le sud-ouest de la France, se singularise par l'utilisation de pierres de grande taille pour construire des monuments, de vastes sépultures collectives recouvertes de tables de pierre, les dolmens, souvent enfouis, à l'origine, sous un tumulus.

– 3 600   **La civilisation chasséenne.** Née à Chassey (Saône-et-Loire), cette civilisation s'impose aux autres en un demi-millénaire. Les premiers puits, l'existence de silos à grains témoignent d'un essor de l'agriculture. La chasse devient une activité marginale, la viande provenant principalement de l'élevage. Enfin, des villages s'établissent à proximité des rivières, de terres fertiles, sur des sites naturellement défensifs que leurs habitants protègent encore par des fossés, montrant ainsi qu'ils redoutent des agresseurs.

– 2 500   **Les premiers objets métalliques.** D'abord cantonnée au sud du Massif central, l'industrie du cuivre, venue d'Orient, s'étend peu à peu. Les armes en cuivre sont très appréciées mais l'outillage de pierre n'est pas abandonné. L'alliage du cuivre avec l'étain donne naissance au bronze, dur comme l'acier, mais plus facile à couler que le seul cuivre. Pour la première fois, l'homme, qui a inventé des moules en pierre ou en sable, peut reproduire à l'identique des objets fabriqués.

CARNAC

■■ 2 934 menhirs alignés sur 4 km

Les alignements de Carnac (Morbihan) datent du milieu du IVe millénaire av. J.-C. Ils s'étendent sur 4 km. Trois ensembles regroupent 2 934 blocs rocheux fichés verticalement dans la terre, des menhirs d'une hauteur de 0,5 m à 6,40 m. Orientées d'est en ouest, les files, dont le nombre varie de 10 à 13, ne sont pas exactement parallèles. Les alignements ont longtemps servi de carrière de pierres. Ils s'étendaient, à l'origine, sur 8 km.

■■ La mise en place des pierres

Certains des menhirs pèsent jusqu'à 30 tonnes. Une expérience, menée dans les Deux-Sèvres en juillet 1979, a montré que de tels blocs pouvaient être maniés à bras, à condition de réunir le nombre d'individus nécessaires : 200 hommes ont déplacé à l'aide de cordages de lin une dalle de 32 tonnes sur des rouleaux de chêne. Puis, avec trois grands leviers de bois, ils ont pu, en une fois, élever le bloc de 50 cm.

■■ Des observatoires astronomiques ?

Si l'on sait que les dolmens étaient des tombeaux, la fonction des autres monuments mégalithiques reste mystérieuse. Certains voient dans Carnac des repères astronomiques : les alignements de Kermario seraient orientés sur le lever du soleil au solstice d'été, ceux de Kerlescan jalonneraient la ligne des équinoxes. La vérité oblige à dire que l'on ignore encore les motivations des bâtisseurs de ces alignements.

Les alignements de Carnac conservent leur mystère. Remarquable ensemble mégalithique dans une France qui compte encore sur son sol 4 500 dolmens et 6 000 menhirs, ils témoignent de l'existence, au IVe millénaire av. J.-C., d'une communauté organisée dotée d'un chef assez puissant pour diriger la construction de tels monuments.

Contrairement aux idées reçues, les menhirs ne sont pas l'œuvre des Gaulois. Leur édification s'est produite trois millénaires auparavant. La fonction des alignements de Carnac demeure mystérieuse, mais leur orientation générale suggère qu'ils devaient être en relation avec des cérémonies liées aux grands moments du cycle solaire : les solstices et les équinoxes.

PRÉHISTOIRE

ANTIQUITÉ

MOYEN ÂGE

ANCIEN RÉGIME

RÉVOLUTION

XIXᵉ SIÈCLE

XXᵉ SIÈCLE

XXIᵉ SIÈCLE

La Gaule celtique

Le Iᵉʳ millénaire avant Jésus-Christ est le temps de grandes migrations vers l'Hexagone. De nouveaux peuples, les Celtes, apportent avec eux les techniques de fabrication du fer et nouent de nombreux contacts avec les civilisations méditerranéennes. Ce sont d'ailleurs les Romains et les Grecs qui leur donnent leur nom : les Celtes de Gaule deviennent des Gaulois.

– 1 200 **Les peuples des champs d'urnes.** Une nouvelle civilisation pénètre à l'est de l'Hexagone jusqu'à la Nièvre et l'Allier. Ces nouveaux venus brûlent leurs morts, recueillent les cendres dans des urnes funéraires qu'ils enterrent.

– 900 **Les migrations celtes ou la civilisation du fer.** Au IXᵉ siècle arrivent de l'Est européen de grandes vagues de cavaliers celtiques porteurs des secrets de fabrication du fer qu'ils tiennent de la civilisation de Hallstatt, en Autriche. La connaissance des procédés d'utilisation des minerais de fer, plus répandus que les minerais de cuivre ou d'étain, permet aux Celtes de fabriquer partout, de leurs propres mains, leurs outils et leurs armes.

– 620 **La fondation de Marseille.** Des Grecs venus de Phocée (Asie Mineure) nouent des contacts commerciaux avec les Celtes et fondent Marseille. Ils installent des comptoirs à Nice, Antibes, Agde et Arles.

– 500 **Le vase de Vix** (Côte-d'Or). Au cœur d'un tumulus intact daté d'environ 500 ans av. J.-C. gisait une princesse âgée d'une trentaine d'années. Elle était parée d'un diadème d'or de 480 g. La tombe contenait aussi le plus grand vase en bronze fabriqué dans l'Antiquité : 1,65 m de haut, 209 kg, 1 100 litres de contenance. La richesse de la sépulture, l'origine du vase (colonies grecques de l'Italie du Sud ou Phocée, Asie Mineure) sont la preuve de l'activité commerciale importante qui s'est développée au VIᵉ siècle entre Celtes et Grecs.

– 450 **La « naissance » des Gaulois.** Aux Vᵉ et IVᵉ siècles, deux invasions de Celtes venus d'Allemagne progressent vers l'Italie et la plaine du Pô. Dès lors, la Gaule est sous la domination de ceux que les Grecs appellent indifféremment « Celtes » ou « Galates », que les Romains appelleront « *Galli* » ou « Gaulois ». Ce sont eux qui nous ont légué les noms de la plupart de nos fleuves, de nos montagnes et de nos villes. Parallèlement, se développe, en Gaule, un deuxième âge du fer qui s'accompagne de l'exploitation des premières mines.

– 390 **La prise de Rome.** Les Gaulois installés dans la plaine du Pô descendent sur Rome, qu'ils assiègent et pillent.

– 200 **La montée en puissance de deux tribus gauloises.** Quatre-vingts tribus vivent en Gaule. Deux peuples se disputent la première place : les Arvernes, maîtres du centre de la Gaule, sont les chefs d'une petite confédération dans le Massif central ; les Éduens, installés sur la Saône, contrôlent d'importantes voies commerciales entre les vallées de la Seine, de la Loire et du Rhône.

LA PRISE DE ROME

▪ Les Gaulois aux portes de Rome

Le conflit a pour origine le meurtre par traîtrise d'un chef gaulois par des ambassadeurs romains. Sur les bords de l'Allia, un affluent du Tibre au nord-est de Rome, une armée gauloise affronte pour la première fois les Romains. 30 000 Gaulois, emmenés par Brennus, font retentir « l'horrible harmonie de leurs chants sauvages ». C'est la débandade dans les rangs romains, inférieurs en nombre. Le soir même, les Gaulois campent devant Rome.

▪ Les oies du Capitole

Le lendemain, ils pillent la ville. Les habitants se réfugient dans la citadelle qui coiffe la colline du Capitole. Après avoir repéré un passage facile, les Gaulois accèdent de nuit et en silence au sommet de la colline. Mais les oies sacrées de Junon, qui avaient été épargnées malgré la disette, éveillent les Romains par leurs cris et leurs battements d'ailes. Les Gaulois sont repoussés.

▪ Malheur aux vaincus !

Au bout de six mois, la famine touche les Romains assiégés comme les Gaulois. Ces derniers souffrent de l'été romain : la dysenterie fait des ravages. Les Romains acceptent de négocier avec les Gaulois qui ont fait entendre qu'ils ne demandaient pas une somme considérable pour lever le camp. La rançon est fixée à 1 000 livres d'or. Lors de la pesée, Brennus jette son épée sur un plateau de la balance en s'écriant : « Malheur aux vaincus ! »

> Prouesse gauloise ou simple raid de pillards, la prise de Rome témoigne de la vitalité de l'expansion celtique dans un espace qui ne se limite pas à l'Hexagone.

Les Romains protestent contre l'usage de faux poids par les Gaulois lors du paiement de la rançon devant faire lever le siège de Rome. Le chef gaulois Brennus jette alors son épée sur la balance.

La conquête de la Gaule

Depuis la prise de Rome, les Romains considèrent les Gaulois comme des ennemis héréditaires. Ils les chassent d'Italie, puis ils conquièrent la Gaule en deux temps : 124-118 et 58-52 av. J.-C. L'invasion romaine donne à des Gaulois, d'abord attachés à leur tribu, le sentiment d'une certaine unité de la Gaule. Ils se regroupent derrière Vercingétorix, chef de la puissante tribu des Arvernes.

- 124

La première installation romaine en Gaule. Marseille, fidèle alliée de Rome, est attaquée par des Gaulois, les Salyens, qui ravagent les contrées voisines à partir de leur place forte, l'oppidum d'Entremont. Appelés au secours, les Romains prennent Entremont, le détruisent et fondent à proximité, sur un site de sources chaudes, la ville fortifiée d'Aix-en-Provence (*Aquae Sextiae*), où ils s'établissent.

- 121

Les rivalités gauloises. Organisés en tribus indépendantes, les Gaulois s'affrontent régulièrement. C'est ainsi que les Éduens sollicitent l'aide des Romains contre les Arvernes. Le chef de ces derniers, Bituit, vaincu près de Bollène, est envoyé à Rome, où il est mis à mort.

- 118

La fondation de Narbonne. Les Romains fondent Narbonne, qui devient la capitale de la nouvelle province romaine. La Gaule narbonnaise s'étend d'Antibes à Toulouse et du lac Léman au delta du Rhône et elle ferme aux Gaulois l'accès à la Méditerranée.

- 58

JULES CÉSAR

La conquête de la Gaule. Les Éduens font encore appel à Rome. Ils craignent, au nord, une invasion des Germains et, à l'est, l'arrivée massive d'Helvètes eux-mêmes poussés par les Germains. C'est l'occasion pour César de conquérir le reste de la Gaule. Il bat les Helvètes dans la région d'Autun et oblige le Germain Arioviste à repasser le Rhin. Pour César, la « guerre des Gaules » commence. Mettant à profit les divisions qui règnent entre tribus, utilisant au mieux la force et la mobilité des légions romaines, Jules César bat les troupes belges, détruit à Vannes les 200 navires de la flotte des Vénètes, soumet la Bretagne et l'Aquitaine. En – 53, la Gaule est pratiquement « pacifiée ».

- 52

VERCINGÉTORIX

Le siège de Gergovie. La révolte éclate contre l'occupant romain. Vercingétorix, un jeune chef arverne, 30 ans, prend la tête du soulèvement. Il organise la politique de la terre brûlée pour priver les légions romaines de fourrage et de blé. Jules César franchit les Cévennes en hiver. En mai, il assiège Vercingétorix qui s'est replié sur sa capitale, une place forte, l'oppidum de Gergovie. Après un assaut qui s'est soldé par un échec, César lève le siège devant les qualités défensives du site.

À Bibracte, oppidum celtique du Morvan, tous les peuples de la Gaule jurent de lutter ensemble jusqu'à la libération et acclament Vercingétorix comme chef suprême. Mais les 15 000 cavaliers gaulois lancés sur les dix légions qui établissent un camp près de Dijon se font tailler en pièces.

Le piège d'Alésia. Vercingétorix se replie sur l'oppidum voisin d'Alésia que César assiège aussitôt.

- 46

La mort de Vercingétorix. Fin septembre 46, à Rome, Vercingétorix, enchaîné, participe à la cérémonie du triomphe de César. Il est étranglé le soir même.

ALÉSIA

Les armées se font face

Situé sur le mont Auxois, près de Dijon, l'oppidum d'Alésia s'étend sur 2 km de long et 500 m de large. Vercingétorix s'y est replié après la défaite de sa cavalerie. Jules César décide d'isoler la place. Les Romains construisent une ceinture de fortifications continues de 16 km. Pour éviter l'encerclement, Vercingétorix tente, en vain, une sortie. Il reste à attendre l'armée de secours des tribus gauloises.

Le piège se referme

Pour résister à cette armée, César fait établir sur 21 km une seconde ligne de fortifications tournées vers l'extérieur. Cette double palissade, renforcée de camps retranchés et de tours, est précédée de pièges : double fossé, branchages taillés en pointe, pieux en quinconce, « hameçons » de fer enterrés.
Un mois passe… L'armée de secours n'est pas là. Vercingétorix fait sortir les vieillards, les femmes et les enfants. César leur refuse le passage. Ils meurent de faim entre les camps.

Après deux mois de siège et pour sauver la vie de ses guerriers, Vercingétorix jette ses armes aux pieds de Jules César, en signe de soumission.

Alésia marque la fin de l'indépendance gauloise, le début de la transformation d'une Gaule celtique en une Gaule romaine.

La Gaule livre son dernier combat

L'armée de secours arrive enfin. La première bataille de cavalerie tourne à l'avantage des Romains. Le lendemain, l'attaque de l'armée de secours se brise sur la zone piégée. Deux jours après s'engage la bataille décisive. Prise à revers, l'armée de secours est anéantie… Le lendemain, Vercingétorix se livre. C'en est fini de la liberté de la Gaule.

PRÉHISTOIRE

ANTIQUITÉ

MOYEN ÂGE

ANCIEN RÉGIME

RÉVOLUTION

XIXᵉ SIÈCLE

XXᵉ SIÈCLE

XXIᵉ SIÈCLE

La Gaule romanisée

Après Alésia, la Gaule connaît, deux siècles et demi durant, une « paix romaine » que ne troublent pas deux brèves révoltes isolées. Les guerriers gaulois, à l'imitation des Romains, se font bâtisseurs : ils construisent ou aménagent des villes qu'ils ornent d'édifices spectaculaires. Les Gaulois qui adoptent les mœurs et la langue des Romains deviennent des Gallo-Romains.

– 50

La fin de la « guerre des Gaules ». Selon Plutarque, la guerre a fait un million de victimes et un million de prisonniers promis à l'esclavage. Mais César ménage aussi la susceptibilité des vaincus : il libère 20 000 prisonniers arvernes ou éduens et, en cas de besoin, il fait appel à l'élite des guerriers gaulois qu'il incorpore dans ses armées.

– 43

La fondation de Lyon. Les Romains fondent *Lugdunum* (Lyon), non loin du confluent du Rhône et de la Saône, sur la colline de Fourvière consacrée à Lug, dieu celtique des arts et des techniques.

– 16

AUGUSTE

La réorganisation administrative de la Gaule. L'empereur Auguste achève la réorganisation de la Gaule en quatre provinces réparties en deux ensembles : d'une part, la Narbonnaise, la province la plus anciennement conquise, est placée sous le contrôle du Sénat romain et administrée par un proconsul en résidence à Narbonne ; d'autre part, les Trois Gaules – l'Aquitaine, la Lyonnaise et la Belgique – ont, chacune, un gouverneur représentant direct de l'empereur. Lyon devient la capitale commune des Trois Gaules et un « conseil des Gaules » s'y réunit annuellement. Il peut approuver ou critiquer l'administration des Romains.

48

La possible intégration des Gaulois à l'empire. L'empereur Claude offre la possibilité aux élites gauloises d'accéder à la citoyenneté romaine, de siéger au Sénat à Rome, d'être affectés à des fonctions administratives de premier plan dans l'empire.

60

Le pont du Gard. Au terme de vingt ans de travaux, le pont du Gard, qui supporte l'aqueduc qui ravitaille Nîmes en eau, entre en service.

70

Une révolte gauloise sans lendemain. Face à la proclamation de l'« empire des Gaulois » par quelques aristocrates de deux tribus, le conseil des Gaules avoue préférer la paix à l'indépendance et affirme sa fidélité à Rome. Cette réaction témoigne de l'assimilation des élites gauloises et d'une romanisation en profondeur de la société.

177

Blandine, première martyre chrétienne. Le christianisme est apparu en Gaule dès le Iᵉʳ siècle et s'est lentement diffusé vers le nord et l'est. C'est à Lyon qu'ont lieu les premières persécutions contre les chrétiens. Quarante-huit personnes sont mises à mort, parmi lesquelles une jeune esclave, Blandine. Livrée à des bêtes féroces, elle est la première martyre de la Gaule. La violence de la répression fait que l'Église de Lyon disparaît pendant tout le IIIᵉ siècle. Elle révèle aussi l'hostilité suscitée par une religion qui passe pour une secte illégale et dangereuse pour la cité gallo-romaine et pour l'État.

LA CIVILISATION GALLO-ROMAINE

◼ Le développement des villes

L'urbanisation de la Gaule apparaît comme la marque la plus significative de l'émergence d'une civilisation gallo-romaine. De nombreuses villes sont fondées ou transformées. Elles abritent de prestigieux édifices : arcs de triomphe, théâtres, amphithéâtres et cirques, thermes et aqueducs… Ces villes sont reliées entre elles par un réseau de voies romaines.

◼ L'adoption d'un nouveau mode de vie

Les Gaulois adoptent le mode de vie des Romains : nourriture et vêtements. La langue orale gauloise s'efface devant le latin qui devient la langue parlée et écrite des élites. Les Gaulois accèdent à de nouveaux loisirs en raison de la multiplication de monuments voués au divertissement. Ce sont les combats de gladiateurs et d'animaux qui remportent le plus de succès.

◼ Les raisons et les limites de la romanisation

La romanisation de la Gaule s'opère sans grande résistance, les Gaulois étant plus soucieux d'imiter leurs vainqueurs que de préserver leur originalité. Il demeure cependant quelques résistances sur le plan religieux.

Les Gaulois conservent certaines croyances celtes : divinités animales, culte des forêts et des sources.

> La civilisation gallo-romaine marque les paysages de la Gaule. Elle prend la forme d'une fusion entre modes de vie gaulois et romain. L'effacement de la distinction vainqueur-vaincu explique l'ampleur de la romanisation.

Le théâtre d'Orange, édifié sous l'empereur Auguste, était le plus beau de toute la Gaule. Il pouvait accueillir 10 000 spectateurs.

Le pont du Gard amenait à Nîmes des eaux de source situées à 30 km. La conduite d'eau, portée par les trois étages d'arches, traverse la vallée du Gardon, à 48 m de hauteur.

Les grandes invasions

À partir du IIIᵉ siècle, de nouveaux venus qui ne parlent ni latin, ni grec, les Barbares, pénètrent en Gaule, le plus riche pays d'Europe. Petit à petit, les Alamans, les Francs, les Wisigoths…, eux-mêmes poussés par les Huns, détruisent l'ordre romain. Au Vᵉ siècle, les Barbares, qui servent à l'occasion d'auxiliaires dans l'armée romaine, constituent des royaumes indépendants.

256 **La porosité du limes.** La frontière de l'Empire romain, le *limes*, ne remplit plus son rôle. Les Barbares procèdent par incursions successives. Ainsi, les Alamans, qui ont effectué un premier raid fructueux sur la Seine trois ans auparavant, atteignent le Rhône, pillent Bourges et Clermont en 256. De nouveaux venus, les Francs, sont stoppés par l'empereur Gallien.

275 **La poussée germanique.** La proclamation, en 260, à la tête de l'éphémère « empire des Gaules » d'un officier gaulois, Postumus, par ses légions du Rhin, renforce pour un temps la surveillance du limes. Mais, en 275, la Gaule tombe aux mains des Germains : Francs et Alamans parcourent le pays et pillent plus de 70 villes. Dans le même temps, les paysans ruinés constituent des bandes errantes, les Bagaudes, aussi redoutées que les Barbares.

313 **La légalisation du christianisme.** Par l'édit de Milan, l'empereur Constantin, nouvellement converti, fait de la religion chrétienne un culte légal dans l'Empire romain.

355 **L'illusoire accalmie.** L'empereur Constantin double la présence militaire sur le limes et engage certains Barbares dans son armée. Il contient ainsi les Alamans et les Francs. Cela assure un répit d'un demi-siècle.

CONSTANTIN

406 **La percée décisive** (31 décembre). Une concentration de Barbares jamais vue jusque-là franchit le Rhin gelé près de Mayence avec femmes, enfants, chariots, bétail. C'est en fait une migration, une fuite devant de redoutables envahisseurs venus de l'est, les Huns, à travers une Gaule dont les villes se sont entourées de murailles… Les Vandales se dirigent vers l'Afrique, les Alains s'installent en Aquitaine, les Burgondes dans la vallée du Rhône, les Alamans prennent pied en Alsace, les Francs occupent la rive gauche du Rhin. Les Wisigoths, après avoir pris Rome en 410, établissent, autour de Toulouse, le premier État barbare sur le sol gaulois en 416.

451 **La défaite d'Attila** (20 juin). Les Huns, maîtres du centre de l'Europe, franchissent le Rhin derrière leur chef, Attila. Metz, Reims sont détruites. Paris, que l'on dit sauvé par sainte Geneviève, une riche Gallo-Romaine, n'est pas sur leur route. Attila assiège Orléans. Des Wisigoths, des Burgondes, des Francs convergent vers la ville sous l'autorité d'Aetius, qui, au nom de l'empereur Valentinien III, a aidé à l'insertion territoriale des Barbares en Gaule. Surpris, Attila recule. Les hordes de Huns battues aux champs Catalauniques, près de Troyes le 20 juin, se replient sur le Danube.

VALENTINIEN III

476 **La chute de l'Empire romain d'Occident.** Le Germain Odoacre, chef de la garde impériale, dépose, à Milan, le dernier empereur romain d'Occident (l'empire est partagé en deux depuis 395). Mais, en Gaule, l'événement revêt peu d'importance : les rois barbares sont maîtres du territoire depuis la mort d'Aetius en 454.

ROMULUS AUGUSTULE

TRAJETS DES MIGRATIONS BARBARES

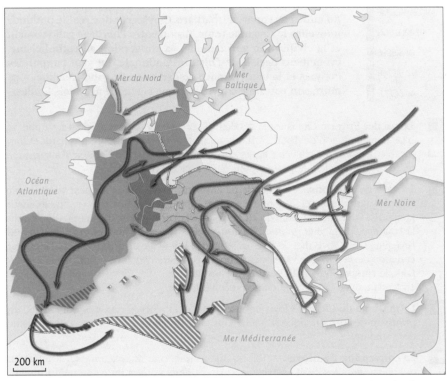

‑‑‑‑‑‑ *Limes*, frontière de l'empire romain

Les royaumes barbares au Vᵉ siècle

- Wisigoths
- Ostrogoths
- Vandales
- Burgondes
- Anglo-Saxons
- Alamans
- Francs

Principales migrations barbares

- Wisigoths
- Ostrogoths
- Vandales
- Burgondes
- Anglo-Saxons
- Huns
- Avars

La poussée des Huns à l'est et l'attrait exercé par les richesses de la Gaule expliquent en partie le vaste mouvement de peuples qui se produit à la charnière de l'Antiquité et du Moyen Âge. « Grandes invasions » pour les historiens de langue française influencés par les auteurs latins, ces transferts de population sont dénommés « migrations de peuples » par les historiens de langue allemande.

Dans la réalité, on passe en deux siècles d'infiltrations progressives à des incursions plus massives. Elles s'accompagnent aussi d'un vaste mouvement de fusion romano-barbare.

PRÉHISTOIRE

ANTIQUITÉ

MOYEN ÂGE

ANCIEN RÉGIME

RÉVOLUTION

XIXᵉ SIÈCLE

XXᵉ SIÈCLE

XXIᵉ SIÈCLE

La Gaule franque

Au milieu de l'anarchie barbare, Clovis crée une réalité politique nouvelle : le royaume franc, fusion entre l'héritage gallo-romain et la civilisation germanique. Sa conversion au catholicisme, événement décisif de l'histoire nationale, lui vaut l'appui des évêques et la bienveillance de l'aristocratie gallo-romaine. À sa mort, son royaume couvre presque l'étendue des Trois Gaules.

481

CLOVIS

Le roi des Francs. Clovis est le fils de Childéric Iᵉʳ, roi franc d'un petit royaume barbare dans la région de Tournai. Il a la réputation d'un chef de guerre hardi et impitoyable, il porte les cheveux longs, signe de la royauté. À 15 ans, à Tournai, il est hissé sur un bouclier, le pavois, pour être proclamé roi des Francs.

486 **Le vase de Soissons.** À la bataille de Soissons, Clovis bat et tue son voisin le plus faible, Syagrius, qui s'était donné le titre de roi des Romains. Cette victoire lui assure la maîtrise de toute la Gaule du Nord, jusqu'à la Loire. Après ce succès, Clovis, selon la coutume, partage le butin en lots qui sont ensuite tirés au sort. À la demande de l'évêque Remi, Clovis met de côté un beau vase liturgique en argent. Un soldat proteste et heurte de sa hache le vase, sans le briser, contrairement à ce qu'affirme la légende. Lors de l'inspection générale annuelle suivant la bataille, Clovis se venge de l'affront en fendant avec sa hache le crâne du contestataire.

493 **Le mariage de Clovis.** Clovis épouse Clotilde, la nièce du roi des Burgondes, une princesse de foi catholique. Il s'allie ainsi aux Burgondes et s'attire la bienveillance des catholiques.

496 **La conversion de Clovis.** À Tolbiac, Clovis remporte une victoire sur les Alamans qui menaçaient les positions acquises par les Francs à l'est du royaume. La tradition veut qu'au cours de cette bataille, Clovis ait promis de se convertir si « le dieu de Clotilde » lui donnait la victoire. Le 25 décembre 498, à Reims, l'évêque Remi baptise Clovis et 3 000 de ses guerriers.

507 **L'extension des frontières du royaume franc.** Protecteur de l'église des Gaules, Clovis entreprend, avec ses alliés burgondes, une expédition contre ses puissants voisins du Sud, les Wisigoths. Ils sont aussi catholiques mais hérétiques ariens : ils nient la trinité de Dieu. À Vouillé, le roi wisigoth Alaric est tué. À Toulouse, capitale du royaume wisigoth, Clovis est accueilli en libérateur par les évêques : il a interdit le pillage des biens d'Église. Le royaume franc s'étend jusqu'aux Pyrénées.

508 **La publication de la loi salique.** Clovis fait mettre par écrit en langue latine le droit coutumier franc qu'il adoucit au filtre de sa nouvelle foi chrétienne.

511 **La mort de Clovis.** Au premier concile national d'Orléans, Clovis réunit les évêques de Gaule et se présente en véritable maître du royaume : il leur fait admettre qu'aucun laïc ne pourra être élu évêque sans son accord. Le 27 novembre, Clovis meurt dans la ville qu'il a choisie comme « siège du royaume », autrement dit comme capitale : Paris, dont la situation est exceptionnelle. Avec une île renforcée de doubles fortifications, la ville se trouve sur une voie fluviale est-ouest, à mi-chemin entre ses terres du Nord et ses récentes conquêtes au sud.

LES EXPANSIONS DU ROYAUME DE CLOVIS

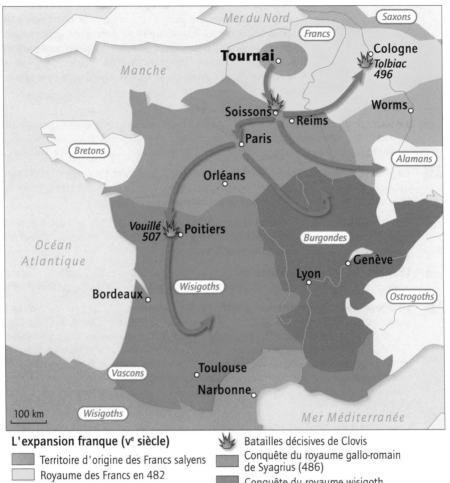

L'expansion franque (Vᵉ siècle)

- Territoire d'origine des Francs salyens
- Royaume des Francs en 482
- Extension vers le Nord-Est

Les conquêtes de Clovis

➡ Campagnes de Clovis

🔱 Batailles décisives de Clovis
- Conquête du royaume gallo-romain de Syagrius (486)
- Conquête du royaume wisigoth...
- ... sauf le Languedoc et la péninsule Ibérique
- Alliance avec les Burgondes par le mariage

L'extension des Francs, établis à l'origine dans la région de Tournai, se fait vers le sud. Syagrius vaincu, Clovis s'attaque aux Burgondes et aux Wisigoths. Au terme de la conquête du royaume wisigoth, et même si l'adhésion de l'ensemble du peuple franc à la religion du Christ n'est que progressive, Clovis, converti, devient le premier roi catholique d'un royaume désormais chrétien.

PRÉHISTOIRE

ANTIQUITÉ

MOYEN ÂGE

ANCIEN RÉGIME

RÉVOLUTION

XIXᵉ SIÈCLE

XXᵉ SIÈCLE

XXIᵉ SIÈCLE

Les Mérovingiens

Les descendants de Clovis sont des Mérovingiens. Ils tirent leur nom de son supposé grand-père : Mérovée. À la mort des rois francs, selon la coutume, les héritiers se partagent le royaume. Cela génère de violentes luttes successorales qui prennent parfois des allures de guerre civile. Pourtant, à deux reprises, en 558 et en 613, le royaume mérovingien se trouve réuni sous une même couronne.

511 **Le partage du royaume.** Les fils de Clovis : Thierry, Clodomir, Childebert et Clotaire, se partagent l'héritage. Mais pour maintenir une unité du monde franc, ils choisissent quatre capitales à peu de distance l'une de l'autre : Reims, Orléans, Paris et Soissons.

534 **La poursuite de l'extension du royaume franc.** Childebert, Clotaire et Théodobert, fils de Thierry, conquièrent le royaume burgonde. En 536, ils s'emparent de la Provence. Ils soumettent ensuite les Alamans et la Germanie méridionale.

558 **La réunification du royaume franc.** Dernier survivant des fils de Clovis, Clotaire

CLOTAIRE

rétablit l'unité du royaume franc qui constitue, au milieu du VIᵉ siècle, l'ensemble territorial le plus puissant d'Europe occidentale.

561 **Un nouveau partage du royaume.** À la mort de Clotaire, ses fils Caribert, Gontran, Sigebert et Chilpéric se partagent le royaume en gardant les quatre capitales de 511.

567 **Le début d'une interminable guerre civile.** À la mort de Caribert, ses frères se partagent ses terres et trois royaumes se dessinent : la Neustrie, l'Austrasie et la Bourgogne. Sigebert, roi d'Austrasie, épouse Brunehaut, la fille du roi des Wisigoths. Jaloux, Chilpéric, roi de Neustrie, épouse Galswinthe, la sœur de Brunehaut. Mais Frédégonde, une concubine de Chilpéric, fait étrangler Galswinthe pour se faire épouser à son tour. C'est le début d'une lutte fratricide qui va durer près d'un demi-siècle : en vertu d'une coutume germanique, la faide, la vengeance privée oblige tout groupe familial à laver l'affront subi.

575 **L'assassinat du roi d'Austrasie.** Alors que le roi d'Austrasie, Sigebert, est parvenu à priver son frère Chilpéric de presque tous ses États, il est assassiné par deux envoyés de Frédégonde. Le jeune Childebert II devient roi d'Austrasie sous la tutelle de sa mère, la reine Brunehaut.

584 **L'assassinat du roi de Neustrie.** Le roi de Neustrie, Chilpéric, est assassiné sur l'ordre de sa femme Frédégonde, qui assure alors la régence de son fils Clotaire II, âgé de quelques mois.

597 **Le triomphe de Brunehaut.** Frédégonde meurt, son fils Clotaire II a 13 ans. La figure de Brunehaut, reine d'Austrasie, domine alors le monde franc. Depuis quatre ans déjà, l'Austrasie a pris le contrôle de la Bourgogne et, depuis la mort de Childebert II, en 595, Brunehaut gouverne au nom de ses petits-fils.

613 **Le royaume réunifié de Clotaire II.** Lassés par l'autoritarisme de leur reine, les

CLOTAIRE II

nobles d'Austrasie la livrent à Clotaire II, roi de Neustrie, fils de Frédégonde. Brunehaut est mise à mort, tous ses descendants sont égorgés. Clotaire II peut régner sans partage sur le monde franc.

BRUNEHAUT, REINE D'AUSTRASIE

Le supplice de la reine Brunehaut sur une gravure du XVe siècle. Comme sur toutes les images de la fin du Moyen Âge, Brunehaut est représentée écartelée par plusieurs chevaux. Dans la réalité, elle a été attachée par la chevelure, un bras et une jambe à la queue d'un seul cheval sauvage.

◼ Une princesse wisigothe lettrée

Fille d'Athanagild, roi des Wisigoths, Brunehaut sait lire et écrire le latin et ses lettres témoignent d'un haut niveau culturel. Elle a 16 ans quand, en 566, son père la marie avec Sigebert, petit-fils de Clovis, roi d'Austrasie, pour sceller une alliance avec les Francs. Chrétienne arienne, elle se convertit au catholicisme le lendemain du mariage.

◼ Une reine réformatrice

En 575, Sigebert est assassiné. Brunehaut règne alors en tant que mère et grand-mère de rois mérovingiens pendant près de quarante années. Elle cherche à maintenir l'héritage politique et culturel romain. Elle investit avec réalisme les domaines de la justice, des affaires ecclésiastiques, de la diplomatie et de la fiscalité. Elle cherche notamment à réguler l'impôt pour soutenir l'autorité de l'État en renforçant son administration.

◼ Une femme dans un monde de violences

L'assassinat de sa sœur Galswinthe, reine de Neustrie, à l'instigation d'une concubine, Frédégonde, enclenche un cycle de violences interfamiliales. Mais Brunehaut n'hésite jamais à faire éliminer ceux qui se mettent en travers de sa route.

Sa mort est violente. Livrée, à 63 ans, par des nobles austrasiens au fils de Frédégonde, Brunehaut est suppliciée trois jours durant, puis promenée sur un dromadaire avant d'être attachée par la chevelure, un bras et une jambe à la queue d'un cheval furieux. Son corps démembré est brûlé.

> La reine Brunehaut est un personnage complexe. Femme cultivée, elle apparaît comme une souveraine pragmatique ayant le sens de l'État. Reine des Francs, elle recourt à la violence pour asseoir son pouvoir par les armes et purger son palais des personnalités douteuses.

PRÉHISTOIRE

ANTIQUITÉ

MOYEN ÂGE

ANCIEN RÉGIME

RÉVOLUTION

XIXᵉ SIÈCLE

XXᵉ SIÈCLE

XXIᵉ SIÈCLE

Les maires du palais

Le royaume franc retrouve unité et prestige sous les règnes de Clotaire II et Dagobert. Mais on assiste ensuite, au gré de minorités des rois, au lent déclin de la royauté mérovingienne. Les maires du palais, à l'origine simples gestionnaires du domaine royal, deviennent les vrais détenteurs du pouvoir et disposent de très jeunes rois que l'on connaît sous le nom de « rois fainéants ».

614

CLOTAIRE II

La mise en place d'une aristocratie. Clotaire II publie un édit affirmant que les comtes, fonctionnaires chargés d'administrer les cités et de rendre la justice, doivent être recrutés à l'échelon local. Non rémunérés, ils gardent une partie des taxes qu'ils prélèvent et des amendes (un tiers) qu'ils prononcent. Cela favorise l'enracinement de puissantes familles. La même année, au concile de Paris, les évêques obtiennent de n'être jugés que par leurs pairs et s'imposent comme une autorité rivale des comtes.

629

DAGOBERT

L'apogée de la dynastie mérovingienne. À la mort de Clotaire II, son fils Dagobert, qui dirige l'Austrasie depuis 623, est reconnu roi de Neustrie et de Bourgogne. Son palais est un creuset où les élites du Nord fréquentent celles du Midi. Ses donations à la basilique de Saint-Denis font de la région parisienne le centre de gravité de la future France. Pour asseoir son autorité, Dagobert fait des tournées dans le royaume : il est accompagné de son trésorier, Éloi, futur évêque de Noyons, qui influe pour que la justice prenne en compte les lois franques et le droit gallo-romain.

639

Les maires du palais et les « rois fainéants ». Dagobert meurt d'un « flux de ventre », une dysenterie. Son fils aîné, Sigebert III, 10 ans, reçoit l'Austrasie, l'Aquitaine et la Provence. Le cadet, Clovis II, 5 ans, reçoit la Neustrie et la Bourgogne. Au gré des minorités successives, le pouvoir effectif finit par se concentrer entre les mains des maires du palais. Et les rois mérovingiens se voient alors qualifiés de « rois fainéants » par Eginhard, biographe de Charlemagne dans sa *Vista Karoli*.

657

La prise de pouvoir manquée d'un maire du palais. En Austrasie, à la mort de Sigebert III, Grimoald, le maire du palais, usurpe le trône. Il exile l'héritier légitime, un enfant, Dagobert II, en Irlande. Il met en place son propre fils sous le nom royal de Childebert III. Mais Grimoald et Childebert III sont assassinés en 662 : les nobles et une partie du clergé n'ont pas admis que l'on ait touché à la lignée sacrée des Mérovingiens. C'est un neveu de Sigebert, Childéric II, qui devient roi d'Austrasie.

673

CHILDÉRIC II

Le roi « fantoche ». En Neustrie, après le règne de Clovis II et le décès inattendu de Clotaire III, mort à 18 ans sans descendance, Ébroïn, maire du palais depuis 658, met sur le trône Thierry III, frère de Childéric. Les nobles qui n'ont pas participé à l'élévation sur le pavois se révoltent. Ils enferment Ébroïn et son « fantoche » dans un monastère et demandent à Childéric II, roi d'Austrasie, d'occuper aussi le trône de Neustrie.

675

L'éclatement du royaume. Childéric II veut exercer son autorité : il est assassiné. C'est le début d'une période d'anarchie et de guerre civile, marquée par l'éclatement du royaume franc en principautés autonomes et par l'affrontement des maires du palais.

LES ROIS FAINÉANTS

Les origines d'une image légendaire

Les documents sur les successeurs de Dagobert sont peu nombreux. Le plus ancien est une chronique d'Éginhard (840) qui évoque ainsi les rois fainéants : « Le roi n'avait plus, en dehors de son titre, que la satisfaction de siéger sur son trône avec sa longue chevelure et sa barbe pendante, d'y faire figure de souverain [...]. Quand il avait à se déplacer, il montait dans une voiture attelée de bœufs, qu'un bouvier conduisait à la mode rustique : c'est dans cet équipage qu'il avait accoutumé d'aller au palais. »

Une entreprise réussie de propagande politique

La légende noire des rois fainéants provient donc d'Éginhard, biographe de Charlemagne, serviteur des Carolingiens qui ont privé du pouvoir les Mérovingiens. Il s'agit de légitimer le changement de dynastie, d'où l'attelage de bœufs qui devient une preuve de déchéance pour des rois incapables de chevaucher. De même, la longue chevelure, symbole de puissance, visible par tous depuis Clovis, devient, au IXe siècle, une marque d'animalité.

La recherche de la vérité

Les rois fainéants restent oisifs : la plupart d'entre eux n'ont pas 12 ans à leur avènement. En raison de leur âge, les jeunes souverains sont des marionnettes entre les mains des maires du palais et des familles aristocratiques. Mais, au bout du compte, ces coteries et la faiblesse des individus révèlent aussi la force collective de la dynastie mérovingienne qui survit à nombre de crises.

> Dans la mémoire collective, les descendants de Clovis sont des rois impuissants couchés dans des chariots traînés par des bœufs. Mais la légende noire des rois fainéants résulte surtout d'une entreprise réussie de propagande politique officielle.

La postérité fait des derniers Mérovingiens des rois fainéants. L'expression date du XIXe siècle. Mais ce sont les Carolingiens qui sont à l'origine de cette interprétation peu flatteuse.

PRÉHISTOIRE

ANTIQUITÉ

MOYEN ÂGE

ANCIEN RÉGIME

RÉVOLUTION

XIXᵉ SIÈCLE

XXᵉ SIÈCLE

XXIᵉ SIÈCLE

Les derniers Mérovingiens

En Austrasie s'impose une véritable dynastie de maires du palais qui ne laissent aux derniers Mérovingiens que les apparences du pouvoir. Les descendants de Pépin de Herstal jouent un rôle déterminant. Son fils Charles Martel arrête les Arabes à Poitiers et se forge ainsi une légitimité de sauveur de la chrétienté. Son petit-fils Pépin le Bref se fait élire roi selon la coutume franque.

679

La prise de pouvoir d'un maire du palais. En Austrasie, Dagobert II, revenu de son exil irlandais, est assassiné. Le maire du palais Pépin de Herstal, neveu de Grimoald, reste seul au pouvoir.

687

THIERRY III

Les habiletés de Pépin de Herstal. Pépin de Herstal écrase les Neustriens près de Saint-Quentin (Somme), après avoir connu, sept ans auparavant, la défaite devant Ébroïn, maire du palais de Neustrie. Il fait taire ses ambitions, joue des rivalités entre grands de l'aristocratie et s'empare de Thierry III et de son trésor. Mais, habile politique, il lui laisse l'apparence du pouvoir dans un royaume réunifié où, de fait, il gouverne seul.

715

CLOTAIRE IV

La puissance de Charles Martel. À la mort de Pépin de Herstal, sa veuve Plectrude essaie de gouverner au nom de ses petits-fils. La Neustrie se soulève autour de Rainfroi, que les nobles se sont donné pour maire du palais. Mais simultanément, les Saxons franchissent le Rhin et menacent l'Austrasie. C'est un bâtard de Pépin de Herstal, Charles, qui, en 716, met au pas révoltés et envahisseurs, exige que Plectrude le reconnaisse comme successeur de Pépin. Charles prend le titre de maire du palais d'Austrasie et installe un roi fantoche : Clotaire IV. Pour assurer sa domination, Charles se crée aussi un réseau de fidèles en distribuant des terres prises indifféremment sur les possessions royales ou sur des biens d'Église.

732

THIERRY IV

La bataille de Poitiers (25 octobre). Après avoir réduit les derniers Neustriens (719), soumis la Bavière (728), Charles franchit la Loire et pille le Poitou pour réduire la puissance du duc Eudes, qui, en trente ans, a fait de l'Aquitaine un royaume indépendant (731). Cette même année, le duc Eudes, aux prises avec une offensive arabe partie d'Espagne, demande secours à Charles. Le choc décisif a lieu en 732, près de Poitiers.

737

La vacance du trône mérovingien. Thierry IV, dont le règne a commencé en 721, meurt. Charles Martel laisse inoccupé le trône mérovingien.

743

CHILDÉRIC III

Le dernier roi mérovingien. À la mort de Charles Martel, ses deux fils, Carloman et Pépin, doivent mater une révolte des nobles et, dans un souci d'apaisement, ils sortent du monastère et installent sur le trône le dernier roi mérovingien : Childéric III.

751

PÉPIN
LE BREF

L'élection de Pépin le Bref. Carloman a renoncé au pouvoir dès 747 pour se consacrer à Dieu. Une paix intérieure règne depuis trois ans. Pépin, surnommé « le Bref » à cause de sa petite taille, réunit à Soissons les nobles du royaume, se fait élire roi des Francs et se fait consacrer par les évêques. Tous lui prêtent serment de fidélité. Childéric III et son fils sont renversés : ils sont enfermés dans une abbaye et leurs cheveux sont coupés pour leur ôter tout symbole de puissance magique. C'est la fin de la dynastie mérovingienne.

LA BATAILLE DE POITIERS

◼ Les adversaires

Les Arabes, maîtres de l'Espagne depuis 711, ont fait une incursion en Gaule en 721. En 731, le nouvel émir Abd al-Rahmân ravage la Gascogne, brûle Bordeaux, écrase sur la Dordogne les troupes d'Eudes d'Aquitaine qui demande alors secours à Charles. Les Arabes font route vers le nord pour aller piller Saint-Martin-de-Tours, le plus riche monastère de toute la Gaule.

◼ Deux tactiques opposées

À 25 km au nord de Poitiers, Abd al-Rahmân se trouve face à Charles Martel. Sept jours durant, les armées ne se livrent qu'à de petites escarmouches.

Les cavaliers musulmans, armés d'un bouclier rond et d'un arc, pratiquent l'attaque par vagues successives et le repli rapide. Les fantassins francs, armés d'un bouclier allongé, de la francisque et d'une épée, forment une masse compacte qui combat au coude à coude.

◼ L'affrontement

Le 25 octobre 732, premier jour du ramadan, les cavaliers musulmans se heurtent au « mur immobile » hérissé d'épées tournoyantes des Francs. La tradition rapporte que Charles « martelle » à merveille de sa masse d'armes. La nuit arrête l'action… Au point du jour, l'étonnement des Francs est grand quand ils se rendent compte que le camp musulman a été évacué dans la nuit : Abd al-Rahmân a été tué dans un assaut.

La victoire de Poitiers ne donne pas un coup d'arrêt à l'expansion musulmane qui se détourne vers le Languedoc. Mais elle offre à Charles un prestige extraordinaire : il y gagne son surnom de « Martel » et légitime sa bâtardise.

Poitiers, c'est un triomphe à usage interne. Charles Martel se débarrasse d'Eudes, son plus dangereux rival, et met fin au rêve aquitain d'indépendance.

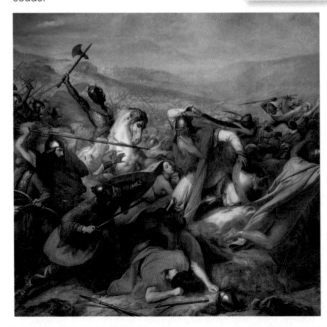

Dans ce tableau de Charles Steuben peint en 1837, Charles Martel est représenté maniant la redoutable francisque et non la masse d'armes qui lui a valu son surnom.

PRÉHISTOIRE

ANTIQUITÉ

MOYEN ÂGE

ANCIEN RÉGIME

RÉVOLUTION

XIXᵉ SIÈCLE

XXᵉ SIÈCLE

XXIᵉ SIÈCLE

Les Carolingiens

Le royaume dont héritent les descendants de Charles Martel reste un ensemble fragile à la merci de révoltes locales. Au cours de son règne, Charlemagne renforce la cohésion d'un empire qu'il accroît considérablement par des chevauchées annuelles et qu'il unifie sous sa seule autorité. À partir d'Aix-la-Chapelle, devenue capitale de l'empire, se développe une brillante civilisation.

754

PÉPIN
LE BREF

Le second sacre de Pépin le Bref. Après avoir sollicité son aide contre les Lombards, le pape Étienne II confirme l'élection de Pépin le Bref par un sacre en l'abbaye de Saint-Denis. Il « défend sous peine d'excommunication d'oser jamais choisir un roi d'un autre sang ». Cette cérémonie fonde la dynastie carolingienne et crée la monarchie de droit divin.

768

La mort de Pépin le Bref. Pépin le Bref meurt après avoir chassé les Arabes au-delà des Pyrénées (759) et soumis l'Aquitaine (768). Il a aussi partagé le royaume entre ses deux fils Charles et Carloman.

771

CHARLEMAGNE

Charlemagne, roi des Francs. Carloman meurt à 20 ans, en 771. Charles s'empare de ses terres. À 30 ans, Charlemagne (du latin *magnus*, le grand) est un homme robuste. Il porte une moustache et non la « barbe fleurie » de sa légende.

774

La conquête du royaume des Lombards. Charlemagne intervient en Italie à la demande du pape menacé par les Lombards. Vainqueur, il se proclame « roi des Francs et des Lombards ».

778

La bataille de Roncevaux (15 août 778). À la demande d'un chef musulman en lutte avec son émir, Charlemagne entre en Espagne dans l'espoir d'étendre au-delà des Pyrénées la puissance franque. Mais une révolte sur le Rhin l'oblige à battre en retraite. Il repasse les Pyrénées à Roncevaux.

780

L'utilisation d'une nouvelle écriture. Dans les ateliers de copistes des monastères apparaît une nouvelle écriture appelée « caroline » en l'honneur de Charlemagne. Petite et régulière, elle s'impose dans tout l'Occident.

786

La soumission de la Saxe. Commencée dix ans plus tôt, la conquête de la Saxe païenne s'accompagne d'une occupation franque très dure avec baptêmes forcés, prises d'otages et exécutions sommaires. Toute atteinte à la religion chrétienne est punie de mort.

789

L'école de Charlemagne. Charlemagne favorise l'ouverture d'écoles monastiques « pour apprendre à lire aux enfants ». Selon Éginhard, son biographe, Charlemagne lui-même s'exerçait à « tracer des lettres, mais il s'y prit tard et le résultat fut médiocre ».

800

Charlemagne, empereur (25 décembre). S'étant rendu en Italie à la demande du pape, Charlemagne est sacré empereur des Romains à Rome. Son accession au titre impérial fait du roi des Francs l'élu de Dieu.

Pour administrer son empire, Charlemagne crée des *missi dominici* (envoyés du maître) qui veillent à l'application des ordres écrits du palais et aux agissements des 250 comtes représentants permanents et révocables de l'empereur.

LA BATAILLE DE RONCEVAUX

Dans cette miniature du XVe siècle, Charlemagne se recueille devant la dépouille de Roland auprès duquel demeurent son célèbre cor et Durendal, sa fameuse épée.

◼ Un cadre propice aux embuscades

Charlemagne assiège Saragosse depuis deux mois quand il apprend que les Saxons pillent les rives du Rhin. Il prend le chemin du Nord. Au passage, s'estimant mal reçu par les Basques pourtant chrétiens, il détruit les remparts de Pampelune, leur principale place forte. Pour franchir le col de Roncevaux, la voie serpente sur 3 km au milieu des bois, avec sur le côté droit un profond ravin.

◼ Un ennemi invisible

Charlemagne passe le col avec le gros de la troupe. L'arrière-garde alourdie par le butin et les otages musulmans est soudain clouée sur place par une pluie de javelots. Les assaillants délivrent les otages, massacrent leurs gardiens et se dispersent.

Alerté par le son du cor, Charlemagne fait volte-face, mais la pente et les cuirasses freinent la mobilité de son armée. Revenu sur le col, il ne peut que faire relever les cadavres dont celui de son neveu.

Des Basques, amers après l'attaque contre Pampelune, ont organisé l'embuscade.

◼ Et Roland ?

Absent des récits écrits de 801 et 829, Roland, « préfet de la marche bretonne » et neveu de Charlemagne, n'est mentionné dans un texte d'Éginhard qu'en 836. Il devient rapidement le héros des chansons colportées par les jongleurs, les Basques se muant en sarrasins (musulmans). Au Xe siècle, l'histoire s'enrichit de la belle Aude aux bras blancs et du traître Ganelon. Au XIIe, *La Chanson de Roland* est mise par écrit.

Dans la réalité, Roncevaux n'est qu'une funeste péripétie qu'Éginhard rapporte en la minimisant.

Dans la chanson, Roland incarne le chevalier idéal se sacrifiant pour une noble cause. Il inspire, pour près de cinq siècles, d'autres comportements héroïques, ceux des croisés notamment.

PRÉHISTOIRE
ANTIQUITÉ
MOYEN ÂGE
ANCIEN RÉGIME
RÉVOLUTION
XIXᵉ SIÈCLE
XXᵉ SIÈCLE
XXIᵉ SIÈCLE

Les incursions normandes

Les rivalités entre les petits-fils de Charlemagne provoquent la division de l'empire et dessinent les frontières de nouveaux royaumes. En 843, par le traité de Verdun, naît une *Francia occidentalis* matrice de la France d'aujourd'hui. En même temps, la pression de l'aristocratie et le choc des invasions normandes affaiblissent la puissance royale et amènent la fin de la dynastie carolingienne.

817

LOUIS LE PIEUX

L'unité de l'empire. Au bout de trois ans de règne, Louis le Pieux établit l'indivisibilité de l'empire et proclame empereur son fils Lothaire, les deux cadets, Pépin et Louis, devenant des rois soumis à l'autorité de leur aîné.

830

La révolte contre l'empereur. Louis le Pieux attribue la dignité impériale à Charles, dernier né en 823 de son remariage avec Judith de Bavière. Les nobles provoquent une insurrection. Ils sont rejoints par Pépin et Louis et par Lothaire qui fait déposer son père par une assemblée d'évêques en 833.

840

La guerre civile. Louis le Pieux meurt après dix ans de troubles. Sa mort déclenche une guerre de succession entre Lothaire, Louis et Charles (Pépin est mort en 838).

843

CHARLES LE CHAUVE

Le traité de Verdun. Louis et Charles font alliance et cela amène Lothaire à accepter le partage de l'empire.

845

Les Vikings, nouveaux envahisseurs. Nantes, Rouen et Toulouse ont déjà été pillées. À la tête d'une puissante flotte, le chef viking Ragnard prend Paris le dimanche de Pâques. La mobilité des envahisseurs est extrême : leurs bateaux à fond plat, les drakkars, naviguent sur les fleuves comme en haute mer. Charles le Chauve achète leur départ contre une rançon.

884

CHARLES LE GROS

La reconfiguration du pouvoir. À la mort de Charles le Chauve (en 877) se succèdent brièvement Louis le Bègue (mort en 879) et ses fils Louis III (mort en 882) et Carloman (mort en 884). Charles (le Simple), fils posthume de Charles le Chauve, a cinq ans, et les puissants du royaume offrent le trône au fils de Louis le Germanique : Charles le Gros.

885

EUDES

Le siège de Paris. Les Vikings assiègent Paris avec 700 bateaux et 20 000 hommes. Le comte Eudes conduit la résistance. Au bout d'un an, moyennant une rançon, les Vikings lèvent le siège. Les nobles, qui ont déposé Charles le Gros pour incapacité, élisent roi Eudes qui n'est pas un Carolingien.

911

CHARLES LE SIMPLE

La cession de la Normandie. Charles le Simple, revenu au pouvoir à la mort d'Eudes en 898, traite avec le chef danois Rollon. Il cède aux Normands (hommes du Nord) la Basse-Seine, qu'ils contrôlent depuis 896.

922

La fin des Carolingiens. Commandés par Robert, frère d'Eudes, les nobles se soulèvent et le proclament roi. Robert Iᵉʳ meurt en 923 dans une bataille contre Charles le Simple. C'est le gendre de Robert Iᵉʳ, Raoul de Bourgogne, que les grands nomment roi. Il n'a pas d'enfant… En 936, Hugues, fils de Robert Iᵉʳ, fait élire roi Louis IV, le fils de Charles le Simple, et le laisse régner contre l'attribution de titres importants. Le fils de Louis IV, Lothaire, règne de 984 à 986 : c'est le dernier roi carolingien.

LA FRANCE NAÎT AVEC LE PARTAGE DE VERDUN

Partage lors du traité de Verdun

Francia Occidentalis de Charles le Chauve

Royaume de Lothaire

Francia Orientalis de Louis le Germanique

États de l'Église

En 841, Charles et Louis battent Lothaire, qui veut succéder à son père dans la dignité impériale. En 842, à Strasbourg, devant leurs armées, ils font, en langues romane et germanique, le serment de se prêter mutuellement assistance contre Lothaire, qui accepte une négociation. Au terme d'un an de tractations, un partage est établi, connu sous le nom de traité de Verdun. En tant qu'aîné, Lothaire choisit le premier : la partie médiane le satisfait car il peut se parer du titre impérial. À Charles le Chauve revient la *Francia Occidentalis* et à Louis, la *Francia Orientalis*.

PRÉHISTOIRE

ANTIQUITÉ

MOYEN ÂGE

ANCIEN RÉGIME

RÉVOLUTION

XIXᵉ SIÈCLE

XXᵉ SIÈCLE

XXIᵉ SIÈCLE

Les premiers Capétiens

Les premiers Capétiens, dont le domaine royal s'étend de Compiègne à Orléans, paraissent n'avoir qu'une faible autorité monarchique face aux grands seigneurs. Mais dans la société féodale, le roi, suzerain suprême, coiffe le réseau des fidélités. Et en associant de leur vivant leur fils aîné au trône, ces Capétiens rendent héréditaire une monarchie qui va diriger la France pendant neuf siècles.

987

HUGUES CAPET

L'élection d'Hugues Capet. À la mort de Louis V, dernier Carolingien, les nobles placent sur le trône un descendant d'Eudes et de Robert Iᵉʳ, un abbé laïc, Hugues, surnommé Capet en raison de la présence de la « chape » (le manteau) de saint Martin dans l'abbaye qu'il administre près de Tours. Élu roi le 1ᵉʳ juin, il est sacré le 3 juillet, à Noyons. En fait, les grands seigneurs qui ont constitué des domaines sur lesquels ils règnent en maîtres, et sur lesquels le roi n'exerce plus aucun pouvoir, ont choisi un homme sans envergure soutenu par l'archevêque de Reims.

Le 25 décembre, Hugues a l'intelligence de faire élire et sacrer par anticipation son fils et successeur Robert le Pieux. Jusqu'à Philippe Auguste ses successeurs feront de même.

1002

La conquête de la Bourgogne. Le duc de Bourgogne meurt sans héritier. Robert le Pieux, dont le règne a commencé en 996, est son neveu. Il décide de s'approprier le duché. Il lui faut le conquérir. Au terme de treize années de conflits, il peut charger son fils, le futur Henri Iᵉʳ, de l'administrer à sa place.

1020

L'ordre féodal. C'est dans un poème adressé à Louis le Pieux que l'évêque Adalbéron de Laon explique que « la maison de Dieu que l'on croit une est divisée en trois : les uns prient, les autres combattent, les autres, enfin, travaillent ». Dans la société féodale, chacun doit rester à sa place pour ne pas troubler l'harmonie voulue par Dieu, les paysans étant soumis aux guerriers et les guerriers au clergé.

1047

Le secours du roi à un vassal. Guillaume, duc de Normandie, fait appel au roi Henri Iᵉʳ dont le règne a commencé en 1031 pour l'aider à mater une révolte. Henri et Guillaume défont les insurgés au Val-ès-Dune. En remerciement, Guillaume de Normandie prête hommage au roi.

1066

Guillaume de Normandie, vassal du roi de France et roi d'Angleterre. Guillaume de Normandie, après une minutieuse préparation dont témoignent les 48 m de tapisserie de Bayeux entreprend la conquête de l'Angleterre. Vainqueur, il se fait sacrer roi à Westminster. Il demeure toutefois le vassal du roi de France pour le duché de Normandie.

1094

L'excommunication de Philippe Iᵉʳ. Après s'être séparé de sa première épouse, Philippe Iᵉʳ, qui règne depuis 1060, a enlevé avec son consentement la femme du comte d'Anjou, Bertrade de Monfort, une cousine très éloignée, et l'a épousée en 1092. Il est excommunié pour inceste en 1094.

1095

L'appel à la croisade. Le pape Urbain II a convoqué à Clermont le clergé et les nobles. Alors que les Turcs, maîtres de Jérusalem depuis 1078, persécutent les pèlerins chrétiens, Urbain II demande aux chevaliers de prendre la route de Jérusalem pour délivrer le tombeau du Christ et promet aux volontaires la rémission totale de leurs péchés.

LA PREMIÈRE CROISADE

La double croisade

L'appel à la croisade du pape Urbain II est entendu. Dès les premiers mois de 1096, Pierre l'Ermite, prédicateur d'Amiens, s'élance vers Jérusalem à la tête d'une imposante foule de gens du peuple.

Les barons conduits par Godefroy de Bouillon prennent la route vers la mi-août.

Une route semée d'embûches

En octobre 1096, la croisade des petites gens de Pierre l'Ermite est massacrée par les Turcs sur le Bosphore.

La croisade des barons, regroupée en avril 1096 à Constantinople, bat les Turcs à Dorylée le 1er juillet 1097. En avril 1098, après sept mois de siège, elle s'empare d'Antioche, où elle est à son tour encerclée en juin. Le 7 juin 1099, les croisés arrivent à Jérusalem.

La croisade dirigée par Godefroy de Bouillon a attendu la fin des récoltes pour constituer des provisions de voyage qui sont chargées sur les bateaux.

La prise de Jérusalem

Les puits ont été empoisonnés, les croisés souffrent de la soif. Le 8 juillet, ils font une procession autour de la ville. Le vendredi 15 juillet à 15 heures, ils pénètrent dans Jérusalem après trois jours d'efforts. Le 23 juillet, Godefroy de Bouillon est élu à la tête du royaume de Jérusalem.

Commencée dans l'enthousiasme de la foi, la première croisade s'achève par un massacre. Elle a toutefois atteint son but : libérer le tombeau du Christ. Plus qu'une aventure militaire, les croisades répondent à une soif de pèlerinages. Elles permettent à des foules passives depuis des siècles d'être acteurs de l'histoire.

La croisade des petites gens s'accompagne de nombreux troubles sur le parcours. À Bourges, certains croisés, accusés de vols, sont arrêtés et exécutés.

PRÉHISTOIRE

ANTIQUITÉ

MOYEN ÂGE

ANCIEN RÉGIME

RÉVOLUTION

XIXᵉ SIÈCLE

XXᵉ SIÈCLE

XXIᵉ SIÈCLE

Louis VI et Louis VII

Les règnes de Louis VI le Gros et de Louis VII marquent une étape décisive dans l'affermissement de la monarchie capétienne. Après être devenus maîtres de l'Île-de-France, ils étendent patiemment leur emprise sur le royaume. Le nombre d'actes émanant de la chancellerie royale est significatif : 171 pour le règne de Philippe Iᵉʳ (48 ans), 359 pour Louis VI (29 ans) et 800 pour Louis VII (43 ans).

1108

LOUIS VI
LE GROS

La mise à la raison de grands seigneurs. Louis VI, qui prend la succession de son père Philippe Iᵉʳ, fait condamner par sa cour le seigneur de Motmorency qui persécute l'abbaye de Saint-Denis et il ravage ses terres pour le forcer à respecter ce jugement. Dans les années suivantes, d'autres grands féodaux connaissent le même sort.

1124 **La France rassemblée derrière son roi.** L'empereur germanique Henri V menace de détruire Reims et d'envahir le royaume. Louis VI convoque les nobles du royaume contre les « Teutons ». Ils sont nombreux à se présenter contre « l'envahisseur » : le duc de Bourgogne, le comte de Flandres, le duc d'Aquitaine, les comtes de Bretagne et d'Anjou... Impressionné par une telle mobilisation, Henri V fait machine arrière.

1130 **La cathédrale de Saint-Denis.** Cette date marque le début de la construction de la façade et du chœur de l'abbatiale de Saint-Denis conçue par l'abbé Suger.

1132 **La valeur universelle de la justice royale.** Louis VI approuve le jugement intervenu entre l'évêque d'Arras et un seigneur du comté des Flandres et il proclame en adopter la solution « partout en son royaume vis-à-vis de toutes les églises ».

1137

LOUIS VII

Le mariage de Louis VII et d'Aliénor d'Aquitaine. L'année où il monte sur le trône, Louis VII épouse Aliénor, l'héritière du duché d'Aquitaine. Au nom de sa femme, il lui revient d'assurer le gouvernement de ces vastes terres.

1140 **La cathédrale de Chartres.** À cette date commence l'édification de la façade de la cathédrale de Chartres.

1147 **La deuxième croisade.** Elle est menée par l'empereur Conrad III et par le roi Louis VII qui est accompagné de sa femme Aliénor. La croisade s'achève, deux ans plus tard, sur un échec total puisque les croisés rentrent chez eux sans avoir remporté la moindre victoire militaire en Orient.

1163 **La cathédrale de Paris.** La première pierre de la cathédrale de Paris est posée à l'initiative de Maurice de Sully, évêque de Paris. Il entend faire pour Paris ce que Suger a fait pour Saint-Denis.

1152 **La répudiation d'Aliénor d'Aquitaine.** Louis VII obtient l'annulation de son mariage avec Aliénor d'Aquitaine qui ne lui a pas donné d'héritier. Deux mois plus tard, Aliénor (30 ans) épouse Henri Plantagenet (19 ans). Ce dernier est à la fois comte d'Anjou, du Maine, de Touraine, et duc de Normandie. Dans les faits, il contrôle près de la moitié du royaume de France. Or en 1154, il devient roi d'Angleterre !

1180 **Mort de Louis VII.** Louis VII n'a pas réussi à contenir l'expansion anglaise, mais l'autorité du roi s'est renforcée, notamment par le biais des légistes dont le rôle est déterminant et l'emporte désormais sur celui des vassaux.

LE TEMPS DES CATHÉDRALES

■ Le triomphe de l'art gothique

À partir des années 1130, l'art gothique résulte de l'association volontaire de techniques ponctuellement utilisées dans des édifices romans antérieurs. Il s'agit de l'arc brisé, de l'arc-boutant et de la croisée d'ogives qui libèrent les murs de la poussée de la voûte en la répartissant sur les piliers. Cela permet d'amincir murs et colonnes, d'élargir et d'élever nefs et bas-côtés et d'agrandir les ouvertures.

■ Les grandes cathédrales

Elles apparaissent au cœur du royaume, car l'art gothique est aussi un art politique à la gloire du roi de France. Entre 1160 et 1220 sont construites les cathédrales de Paris, de Sens et de Chartres. Vers le milieu du XIIIᵉ siècle, l'art gothique atteint sa maturité avec celles de Bourges, de Reims et d'Amiens. Les architectes élèvent des nefs de plus en plus hautes : 37 m à Bourges, 38 à Reims et 42 à Amiens. On atteint 48 m à Beauvais, mais la voûte s'effondre en 1284.

■ Une nouvelle vision du monde

Dans l'harmonie des cathédrales, ce n'est plus la terre qui s'élève vers le ciel, mais le ciel qui descend sur terre grâce à la lumière.
À Chartres, 164 baies vitrées inondent l'intérieur de l'édifice d'une lumière colorée par les teintes des vitraux. Le Dieu des cathédrales devient un Dieu à visage d'homme dont les traits ont été individualisés. L'Ange de Reims arbore un délicat sourire et ses yeux s'ouvrent sur les merveilles du monde.

> Bibles de pierre, les cathédrales expriment la revalorisation de la nature et du corps comme œuvres de Dieu, dignes d'admiration et de représentation.
> Prouesses techniques, elles affirment de nouveaux liens entre l'œuvre d'art et la fierté des élites ecclésiastiques urbaines à une époque où le premier critère de beauté est la grandeur.

Cette miniature du XVᵉ siècle montre un roi de France en visite sur le chantier d'une cathédrale. Les métiers de maçon, de tailleur de pierre et de sculpteur ne sont pas encore nettement différenciés.

PRÉHISTOIRE

ANTIQUITÉ

MOYEN ÂGE

ANCIEN RÉGIME

RÉVOLUTION

XIXᵉ SIÈCLE

XXᵉ SIÈCLE

XXIᵉ SIÈCLE

Philippe Auguste

En quarante-trois ans de règne, Philippe II affermit l'autorité royale en contenant les grands féodaux et en créant avec les baillis les rouages d'une administration « moderne ». Il fait de Paris la capitale de la France, n'a de cesse d'affaiblir le roi d'Angleterre et remporte à Bouvines une éclatante victoire. Quand il meurt, l'étendue du domaine royal a été multipliée par cinq.

1180

PHILIPPE AUGUSTE

L'avènement de Philippe Auguste. Philippe Auguste devient roi à 15 ans. Il allie rapidité de jugement, justesse de raisonnement et goût de l'intrigue. Il veut affermir la foi chrétienne et renforcer la dynastie capétienne.

1187

L'ingérence dans les affaires anglaises. Philippe Auguste apporte son soutien à Richard Cœur de Lion qui lutte depuis ses possessions sur le territoire français contre son père Henri Plantagenêt, roi d'Angleterre.

1189

La troisième croisade. Philippe Auguste part pour la troisième croisade avec Richard Cœur de Lion devenu roi d'Angleterre. Après la prise de Saint-Jean-d'Acre en 1191, la désunion s'installe. Richard continue vers Jérusalem. Philippe Auguste revient en France et pousse Jean sans Terre, frère de Richard, à s'emparer du trône anglais.

1194

La défaite de Fréteval. À son retour de croisade, Richard Cœur de Lion bat Philippe Auguste à Fréteval et édifie sur la Seine la forteresse de Château-Gaillard pour protéger la Normandie. Philippe Auguste, qui a perdu une partie de ses archives jusque-là itinérantes (le sceau royal et la comptabilité du domaine), décide de les abriter dans son palais parisien où elles forment le noyau des futures Archives de France.

1202

Le procès de Jean sans Terre. À la mort de Richard (1199), Jean sans Terre devient roi d'Angleterre et, de ce fait, rival de Philippe Auguste. Or Jean sans Terre épouse de force la fiancée d'un de ses vassaux français qui dénonce cette félonie. La Cour de Philippe Auguste prononce la confiscation des biens de Jean, « vassal félon ».

1204

La conquête de la Normandie. Après un siège de huit mois, Philippe Auguste prend Château-Gaillard. La Normandie est annexée au domaine royal. L'année suivante, il s'empare de la Touraine et de l'Anjou.

1208

La croisade contre les Cathares. Le comté de Toulouse est en proie à l'hérésie cathare, qui s'oppose à la religion catholique en affirmant l'omniprésence du mal et l'absence de libre arbitre pour l'homme. Deux ans de prêches de saint Dominique en pays d'oc étant demeurés sans effet, le pape Innocent III appelle à une croisade. Le meurtre de son légat, Pierre de Castelnau, qui vient d'excommunier le comte de Toulouse, trop favorable aux Cathares, déclenche les opérations militaires. En 1209, une croisade, violente et meurtrière, est menée par Simon de Montfort au nom du roi de France. En 1213, Simon est maître du comté de Toulouse.

1214

La lutte contre les coalisés. Jean sans Terre a formé une coalition avec l'empereur Otton, les comtes de Flandre et de Boulogne. Il veut prendre en tenaille le royaume capétien. Philippe Auguste divise ses forces. Au sud, à La Roche-aux-Moines, le 2 juillet, le prince Louis, son fils, met en fuite Jean sans Terre et ses vassaux aquitains. Au nord, Philippe Auguste rencontre la coalition impériale à Bouvines.

LA BATAILLE DE BOUVINES

■■ De nouveaux venus dans la bataille

Philippe Auguste dispose de 1 300 chevaliers, d'autant de sergents cavaliers et de 4 500 fantassins. Les coalisés alignent quelque 1 500 chevaliers et 7 500 sergents à pied. Les sergents cavaliers et les fantassins sont issus du peuple, ils proviennent des milices communales. Les sergents à pied d'Otton sont des mercenaires.

■■ Les premiers contacts

Philippe Auguste ne veut pas engager le combat un jour où les chrétiens ne doivent pas se battre. À proximité de Lille, son arrière-garde est rejointe par l'armée d'Otton, qui le poursuit. Le roi de France dispose son armée pour la bataille. À midi, il lance 250 sergents cavaliers contre les chevaliers du comte de Flandre qui considère avec dédain ces cavaliers roturiers. Les charges répétées font céder les rangs flamands. Le comte, gravement blessé, est fait prisonnier.

■■ Le duel des rois

Otton, qui a ordonné ses troupes, attaque et bouscule les milices françaises. Ses fantassins atteignent Philippe Auguste et le tirent à bas de son cheval. L'armure du roi résiste aux coups. Sa garde le sauve, il remonte en selle. L'action se retourne. Les chevaliers français chargent. Philippe Auguste blesse à l'œil le cheval d'Otton, qui s'emballe et s'écroule… Otton s'enfuit. L'armée royale fait 300 prisonniers qui seront échangés, traîtres mis à part, contre une rançon.

La victoire donne lieu à sept jours de fêtes dans tout le royaume.

> Bouvines, c'est le coup d'éclat qui consacre la monarchie capétienne. C'est, autour du roi vainqueur, la manifestation d'un certain sentiment national. Avec la participation de milices communales et de mercenaires, c'est peut-être aussi la fin du combat de type féodal.

Tandis que les cavaleries des deux armées s'affrontent à l'arrière-plan, Philippe Auguste fait face à l'empereur Otton. Il encourage ses vassaux à combattre avec vaillance.

PRÉHISTOIRE

ANTIQUITÉ

MOYEN ÂGE

ANCIEN RÉGIME

RÉVOLUTION

XIXᵉ SIÈCLE

XXᵉ SIÈCLE

XXIᵉ SIÈCLE

L'apogée capétien

Louis IX, dit Saint Louis, développe, plus qu'aucun de ses prédécesseurs, le sentiment de respect dû au roi. Il consolide sa souveraineté en affirmant la primauté de la justice royale sur les justices seigneuriales. Il contrôle l'action des baillis par l'envoi d'enquêteurs royaux qui entendent les plaintes de la population et répriment les abus. Il impose aussi son idéal chrétien.

1223

Louis VIII

L'avènement de Louis VIII. À la mort de Philippe Auguste, son fils Louis VIII lui succède. Il conquiert la Saintonge. En 1226, il meurt d'une dysenterie, en revenant d'une croisade contre les Cathares.

1226

Louis IX

La régence de Blanche de Castille. Louis, fils de Louis VIII n'a que 12 ans. Sa mère, Blanche de Castille, assure la régence et le fait sacrer roi sans délai, à Reims, dans une cathédrale encore en chantier.

1229

L'accès à la Méditerranée. Blanche de Castille ramène le comte de Toulouse dans l'obéissance au roi. Le comte expie publiquement l'hérésie cathare lors d'une cérémonie à Notre-Dame de Paris et accepte de marier son unique héritière au frère du roi. La réunion du comté de Toulouse à la couronne royale et la prise de possession du Languedoc offrent aux Capétiens un débouché sur la Méditerranée.

1242

La bataille de Saintes. À Saintes, Louis IX bat les troupes d'Henri III, roi d'Angleterre, dans sa dernière tentative de reprise de possession du Poitou.

1244

La fin de l'hérésie cathare. Montségur, la citadelle où se sont réfugiés les derniers Cathares, tombe après dix mois de siège. Les 200 Cathares sont brûlés vifs sur le même bûcher.

1248

Le triomphe de l'art gothique. Construite pour accueillir des reliques de la crucifixion achetées par Louis IX aux Vénitiens, la Sainte-Chapelle du palais royal de l'île de la Cité à Paris est achevée. La lumière pénètre à flots par de gigantesques vitraux dans une haute nef couronnée par une voûte sur croisée d'ogives.

Louis IX en croisade. La chute de Jérusalem décide le roi à prendre la croix. En août 1248, Louis IX s'embarque à Aigues-Mortes avec 25 000 hommes et 7 000 chevaux. Il passe sept mois à Chypre, débarque en Égypte, s'empare de Damiette le 5 juin 1249. Il marche sur Le Caire quand il est fait prisonnier à Mansoura le 5 avril 1250. Libéré le 6 mai contre une rançon de 400 000 livres, il reste en Terre sainte. C'est la mort de Blanche de Castille qui provoque son retour en France en juillet 1254.

1259

La paix avec l'Angleterre. Le traité de Paris met fin à la guerre avec l'Angleterre. Louis IX restitue à Henri III d'Angleterre les droits acquis par Philippe Auguste sur le Limousin, le Périgord et le Quercy. En échange, Henri III renonce définitivement à la Normandie, à la Touraine et au Poitou. Mais, fait symbolique essentiel, le roi d'Angleterre prête hommage au roi de France pour les fiefs qu'il détient en Guyenne.

1270

Philippe III
le Hardi

La mort de Louis IX lors d'une seconde croisade. Il débarque à Tunis, pensant en convertir l'émir. Le typhus et la dysenterie déciment son armée et emportent le roi pendant le siège. Son fils Philippe III le Hardi règne pendant quinze ans et poursuit son œuvre.

SAINT LOUIS

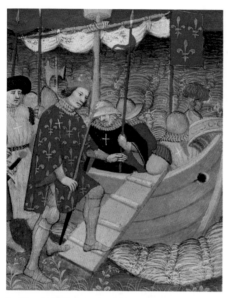

◼ Frater Ludovicus ou le roi pieux

« Tu n'es que le roi des prêtres et des clercs ! » lui dit un jour une vieille femme. Saint Louis, roi très pieux, imite le Christ dans sa vie quotidienne : il visite les lépreux, lave les pieds des pauvres, fonde les hospices (le Quinze-Vingts pour les aveugles). Il pratique le jeûne et l'abstinence. Il fait deux croisades et meurt en martyr devant Tunis, « à 3 heures de l'après-midi, comme Jésus-Christ », note Joinville, son chroniqueur. Saint Louis est canonisé en 1297.

◼ Une foi intransigeante

La foi de Saint Louis le conduit à l'intolérance : « Quand on entend médire de la foi chrétienne, il ne faut la défendre qu'avec l'épée, dont on doit donner dans le ventre autant qu'elle y peut entrer. » Saint Louis organise de gigantesques autodafés du Talmud, livre sacré des juifs, et impose à ces derniers le port d'une rouelle jaune.

Le 25 août 1248, Saint Louis s'embarque dans le port d'Aigues-Mortes, pour la septième croisade.
Il respecte ainsi le vœu prononcé lors d'une grave maladie.

◼ Le roi justicier

L'image du roi rendant la justice, assis sous un chêne dans les bois de Vincennes, est passée à la postérité. Saint Louis abolit le duel judiciaire et développe la recherche de preuves raisonnables par enquête et audition de témoins. Il veut une justice égale pour tous et réprime les abus des justices seigneuriales.

Roi juste, roi à la piété fervente, roi intraitable, le portrait est contrasté. Mais Saint Louis est aussi un roi pacifique qui préserve le royaume des horreurs de la guerre ; un roi populaire qui, par son rayonnement moral, renforce l'autorité royale.

Saint Louis lave les pieds d'un mendiant et montre ainsi sa charité envers les humbles.

PRÉHISTOIRE

ANTIQUITÉ

MOYEN ÂGE

ANCIEN RÉGIME

RÉVOLUTION

XIXᵉ SIÈCLE

XXᵉ SIÈCLE

XXIᵉ SIÈCLE

Le progrès de l'État royal

Entouré de « légistes royaux » nourris de droit romain, Philippe le Bel rend efficace son administration en spécialisant les sections financières et judiciaires du Conseil royal. Son besoin d'argent pour administrer le royaume et mener la guerre contre l'Angleterre l'amène à faire varier le cours et l'alliage des monnaies et à entrer en conflit avec le pape et le puissant ordre du Temple.

1285

PHILIPPE IV
LE BEL

L'avènement de Philippe IV le Bel. Le fils de Philippe III le Hardi est un personnage énigmatique et peu bavard. Il s'entoure de conseillers, petits nobles et bourgeois, les légistes, qui travaillent à établir un droit écrit valable pour l'ensemble du royaume et à faire du roi un souverain plus qu'un suzerain. Par son mariage, il réunit au domaine royal la Navarre et la Champagne, l'un des cinq grands fiefs français.

1299

La Guyenne reste anglaise. Alors qu'au terme de trois années de guerre, ses troupes ont conquis les terres du duc de Guyenne qui est aussi roi d'Angleterre, Philippe le Bel s'en remet à l'arbitrage du pape Boniface VIII qui se prononce pour le retour au statu quo.

1301

Le conflit avec la papauté. Après un premier affrontement avec le pape lors de la levée d'une taxe (la décime) sur le clergé français en 1296, le conflit avec la papauté prend un tour plus grave. Philippe le Bel a en effet fait arrêter l'évêque de Pamiers qui l'a traité de faux-monnayeur. Le pape Boniface VIII menace alors le roi de France d'excommunication.

1302

La convocation des « états » du royaume. Pour faire connaître sa position dans le conflit qui l'oppose au pape, Philippe le Bel convoque les « états » du royaume, une assemblée de 1 000 notables de la noblesse, du clergé et de la bourgeoisie des villes. Ces états généraux (réunis aussi en 1308 et 1314) donnent une audience exceptionnelle aux décisions du roi, décisions que les participants ne peuvent qu'« acclamer ».

1303

L'attentat d'Anagni (7 septembre). Philippe le Bel, fort de l'appui de ses « états », réclame la déposition du pape. Il va même jusqu'à faire enlever Boniface VIII, dans sa ville natale d'Anagni, près de Rome. Mais l'opposition des habitants fait échouer l'expédition.

1305

La papauté à Avignon. Son installation y est fortuite : le nouveau pape, Clément V, est français et des troubles agitent Rome. La cour pontificale s'installe donc dans le Comtat Venaissin (possession du pape depuis 1229). Les conflits entre Italiens et Français conduisent à la scission de deux papautés, l'une à Rome et l'autre à Avignon.

1307

L'affaire des Templiers. Dans sa quête d'argent, Philippe le Bel s'attaque à l'ordre du Temple.

1328

LOUIS X

PHILIPPE V

CHARLES IV
LE BEL

La fin des Capétiens directs. À la mort de Philippe le Bel en 1314, ses trois fils lui succèdent brièvement : Louis X dit le Hutin, c'est-à-dire le colérique (1314-1316), Philippe V le Long (1316-1322) et Charles IV le Bel (1322-1328). Ce dernier meurt sans héritier mâle ; or une assemblée de notables a exclu en 1316 les femmes de la succession au trône de France. Le pouvoir échoit donc à un de ses cousins, Philippe de Valois, petit-fils de Philippe III le Hardi.

LES TEMPLIERS

◼ Les occupations des Templiers

Créé à Jérusalem en 1119, l'ordre du Temple est ainsi nommé parce qu'il est installé près du temple de Salomon. Moines guerriers réputés, ils protègent les Lieux saints, surveillent les routes de pèlerinage et édifient des forteresses qui sont autant de lieux sûrs pour entreposer l'argent de l'ordre. Ils deviennent ainsi des banquiers.

◼ L'arrestation des Templiers

Le 13 octobre 1307, sur ordre de Philippe le Bel, tous les Templiers de France sont arrêtés. Les accusations sont rendues publiques : au cours de cérémonies nocturnes d'admission, les Templiers renient le Christ, crachent sur la croix, adorent des idoles et se livrent à la sodomie. Un premier interrogatoire est mené par des commissaires royaux, un second par des cardinaux désignés par le pape. Les Templiers, torturés, avouent tout !

◼ L'élimination des Templiers

En mai 1310, lors de leur procès, des Templiers reviennent sur leurs aveux. Déclarés « relaps », 54 d'entre eux sont brûlés à Paris. Le 3 avril 1312, le pape Clément V dissout l'ordre du Temple. Leurs biens reviennent à l'ordre des Hospitaliers. Philippe le Bel annule la dette royale envers les Templiers. Il fait saisir l'argent accumulé dans les cent commanderies du Temple en France. Le grand maître Jacques de Molay, condamné à la prison perpétuelle, revenu sur ses aveux, est conduit au bûcher à Paris le 18 mars 1314.

Jacques de Molay, le vingt-deuxième et dernier grand maître des Templiers

La fin des Templiers est certainement pour Philippe le Bel le moyen de se procurer de l'argent, mais c'est aussi la suite logique de ses querelles avec Boniface VIII, sa volonté d'affirmer son pouvoir en face du pape en détruisant ce qui aurait pu devenir une véritable milice papale.

Insignes des templiers sur un mur de château.

PRÉHISTOIRE
ANTIQUITÉ
MOYEN ÂGE
ANCIEN RÉGIME
RÉVOLUTION
XIXᵉ SIÈCLE
XXᵉ SIÈCLE
XXIᵉ SIÈCLE

Les débuts de la guerre de Cent Ans

Les royaumes de France et d'Angleterre expriment leur rivalité au cours d'un conflit qui s'étire sur cent ans. Des périodes de batailles alternent avec de longs moments de répit. La première phase (1337-1360) est désastreuse pour la France. De lourdes défaites, la captivité du roi, le coût de la guerre provoquent, en 1356, une crise de régime dans un royaume déjà frappé par la peste noire.

1328

PHILIPPE VI

L'avènement de Philippe VI de Valois. L'arrivée au pouvoir sans opposition réelle de la branche dynastique des Valois est une preuve de stabilité du pouvoir royal et la marque d'un sentiment national : au petit-fils de Philippe le Bel, Édouard, roi d'Angleterre, les barons du royaume préfèrent un de ses neveux, Philippe de Valois. Mais c'est une cause immédiate de la guerre de Cent Ans.

1337

Le début des hostilités. Philippe VI prononce la saisie de la Guyenne, fief en terre française d'Édouard III, roi d'Angleterre. Ce dernier fait porter une lettre de défi à « Philippe de Valois qui se dit roi de France ».

1340

La déroute sur mer. À L'Écluse, en Flandre, dans le bras de mer qui conduit à Bruges, Édouard III détruit la flotte française disposée en barricade et enchaînée sur trois rangs d'une rive à l'autre. Par sa victoire dans la seule bataille navale de la guerre de Cent Ans, il s'assure la maîtrise de la Manche.

1346

Le désastre de Crécy. Pour le premier face-à-face des deux armées royales, les Français, bien que deux fois plus nombreux, sont battus. Sans reconnaître le terrain, leurs chevaliers se ruent en désordre sur les Anglais établis sur de fortes positions et dont les archers font merveille.

1347

Les bourgeois de Calais. Calais est une des plus puissantes forteresses de France. Édouard III en fait le siège. Après onze mois d'encerclement, le 3 août, six bourgeois parmi les plus riches lui apportent, pieds nus, en « simple chemise » et la corde au cou, les clés de la ville. Seule l'intervention de la reine d'Angleterre sauve leurs têtes.

La peste noire. Au cours de l'automne, la peste noire atteint la France.

1350

La mort de Philippe VI. Son fils Jean le Bon (le Brave) lui succède.

1356

JEAN LE BON

Le roi prisonnier. Après une trêve de neuf ans, le Prince Noir, fils d'Édouard, ainsi nommé à cause de la couleur de son armure, ravage le Poitou. Au sud de Poitiers, il se heurte au roi Jean le Bon et à son armée. Les lourds chevaliers français, empêtrés dans les vignes, offrent des cibles idéales aux archers anglais à l'abri des haies. Jean le Bon, blessé au visage, et son plus jeune fils, âgé de 13 ans, sont faits prisonniers.

1357

Le dauphin contesté. Les états généraux, réunis par le dauphin Charles, héritier du royaume, tentent de mettre la monarchie sous contrôle en surveillant la perception des impôts. Étienne Marcel, prévôt des marchands, fait se soulever Paris contre le dauphin, mais il s'allie avec les Anglais. Cela indigne les Parisiens, qui le tuent.

1360

La paix de Calais. Après quelques menus revers, Édouard III renonce à la couronne de France, mais il reçoit Calais, une partie de la côte picarde et tout le Sud-Ouest, soit plus du quart du territoire français. Le roi de France, qui a été libéré contre une rançon, renonce à toute souveraineté sur l'Aquitaine.

LA PESTE NOIRE

■ La maladie et sa propagation

Rapportée de Crimée par des marins génois, elle apparaît en France, fin 1347, vers Marseille. Elle frappe, cinq ans durant, des populations affaiblies par les famines. Elle revêt deux formes : la peste bubonique avec apparition de ganglions (bubons) gros comme des noix aux aisselles, et la peste pulmonaire, plus contagieuse, avec crachats sanguinolents. Le malade est foudroyé en deux à cinq jours, son cadavre noircit en quelques heures. Le rat, la puce et les malades contribuent à la propagation de la peste.

■ Les inquiétudes de la population

Les médecins préconisent des saignées, des purges, des diètes… ou la fuite ! La foule cherche des coupables : les Juifs, accusés d'avoir empoisonné les puits, connaissent des semaines de terreur. En Flandre, en Picardie et en Champagne, apparaissent les flagellants. Pour émouvoir le ciel, ils fouettent leur torse nu avec des lanières de cuir renforcées de pointes de fer.

■ Une grande désorganisation

La peste désorganise toutes les activités… même la guerre ! Une trêve annuelle est reconduite de 1347 à 1351. Globalement, un homme sur trois meurt. La vie économique est bouleversée. La surmortalité provoque l'effondrement de la main-d'œuvre et une forte hausse des salaires. Dans les campagnes, par manque de bras, des terres retombent en friches. Les semailles n'ont pas lieu et le pays connaît une terrible famine en 1349.

Considérée par certains comme un châtiment divin, la peste noire a fait plus de victimes que n'en fera toute la guerre de Cent Ans. D'autres épidémies de peste, moins fortes, traverseront la France pendant la seconde moitié du siècle et aggraveront le déficit démographique.

À Tournai, en 1349, les morts sont très nombreux. Les premiers cadavres sont inhumés dans des cercueils, les suivants jetés dans de grandes fosses communes seulement enveloppés d'un drap.

PRÉHISTOIRE

ANTIQUITÉ

MOYEN ÂGE

ANCIEN RÉGIME

RÉVOLUTION

XIXᵉ SIÈCLE

XXᵉ SIÈCLE

XXIᵉ SIÈCLE

La guerre civile

Charles V redonne à la monarchie une assise solide et reprend au roi d'Angleterre les terres cédées en 1360. Le règne de Charles VI est marqué par la minorité du roi puis par sa folie. Le pouvoir réel devient un enjeu. Les princes de la famille royale s'affrontent dans une sanglante guerre civile qui oppose armagnacs et bourguignons. Le roi d'Angleterre en tire profit au traité de Troyes de 1420.

1364

CHARLES V

L'avènement de Charles V. À la mort de Jean le Bon, son fils aîné Charles V lui succède. Il rend régulière la perception des impôts dont une partie est consacrée sur place à la fortification des villes. Il réforme le mode de désignation des officiers royaux et met l'ensemble de sa politique au service de la reconquête du royaume. L'autorité royale s'en trouve renforcée.

1365

La lutte contre les grandes compagnies. Ces bandes armées sont constituées par des « routiers », des soldats sans engagement depuis la capture de Jean le Bon en 1356. Ils vivent de pillages à travers le pays. Charles V charge Du Guesclin, capitaine breton à son service, de les conduire en Espagne, où l'on se dispute le trône de Castille.

1370

Du Guesclin, connétable de France. En faisant de Du Guesclin le chef suprême de son armée, Charles V montre qu'il préfère la compétence à la naissance dans le choix de ses serviteurs. Il lui enjoint de mener une guerre défensive. Du Guesclin abandonne les batailles rangées et mène avec succès une guerre contre les Anglais faite d'embuscades et de replis. À sa mort, en 1380, les Anglais ne possèdent plus en France que cinq villes fortifiées : Bayonne, Bordeaux, Brest, Cherbourg et Calais.

1380

CHARLES VI

L'avènement de Charles VI. À la mort de son père, Charles VI n'a que 12 ans. Ses oncles gouvernent jusqu'en 1388, date à laquelle il prend personnellement le pouvoir.

1392

La folie du roi. En traversant une forêt de la région du Mans, Charles VI, pris d'un accès de fureur, tue quatre hommes. Ses crises sont intermittentes mais son frère, Louis d'Orléans, et ses oncles assurent ensemble le pouvoir.

1407

La querelle des armagnacs et des bourguignons. La vacance du pouvoir royal déchaîne l'ambition des princes. Le duc de Bourgogne, Jean sans Peur, cousin du roi Charles VI, fait assassiner le duc Louis d'Orléans, frère du roi. C'est le début de la guerre civile entre armagnacs et bourguignons. Les armagnacs (Bernard d'Armagnac est le beau-père du nouveau duc d'Orléans) ont pour emblème un bâton noueux, les bourguignons choisissent le rabot ! Les deux camps rivalisent d'atrocités. En 1413, aux massacres commis par les bourguignons quand ils se rendent maîtres de Paris, répondent ceux des armagnacs, appelés au secours par le dauphin, le futur Charles VII, en 1415. Quand, en 1418, les bourguignons reprennent la ville, Jean sans Peur tient le roi Charles VI en son pouvoir. Le dauphin s'enfuit à Bourges.

1415

Le désastre d'Azincourt. Henri V, roi d'Angleterre, cherche à profiter du désordre français. À Azincourt, les troupes françaises, empêtrées dans la boue due à de fortes pluies, sont décimées par les archers anglais.

1419

Le traité de Troyes. Pour venger l'assassinat de son père Jean sans Peur par des armagnacs de l'entourage du dauphin, le nouveau duc de Bourgogne Philippe le Bon signe le traité de Troyes avec Henri V, roi d'Angleterre.

LE TRAITÉ DE TROYES

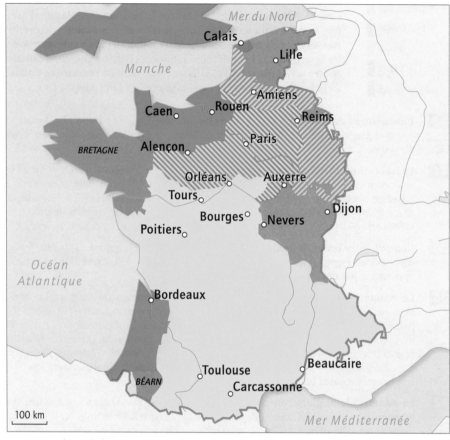

Frontières de la France au début du xvᵉ siècle

Territoires anglais

Territoires du duc de Bourgogne

Territoires sous influence anglaise

Territoires sous influence de la Bourgogne

Territoires indépendants

Royaume de Bourges (Berry agrandi de régions à fort sentiment anti-anglais)

C'est en présence de la reine Isabeau de Bavière, femme de Charles VI, que, le 11 mai 1420, Henri V d'Angleterre signe le traité de Troyes avec Philippe le Bon, duc de Bourgogne. Ce texte décide que le « soi-disant » dauphin de France, le futur Charles VII, est déshérité en raison des « horribles et énormes crimes qu'il a commis ». Même s'il est prévu que les deux pays conservent chacun leurs coutumes, leurs droits, leurs institutions et leur monnaie, Henri V est appelé à coiffer la double couronne de France et d'Angleterre dès la mort de Charles VI.

La fin de la guerre de Cent Ans

Charles VII est incapable de lancer la reconquête. Jeanne d'Arc, une jeune prophétesse paysanne, le fait sacrer roi à Reims et éveille par ses chevauchées le sentiment national. La paix inattendue avec les bourguignons transforme la guerre civile en guerre nationale contre les Anglais. En 1453, ils ne contrôlent en France que Calais. La paix n'est pas signée, mais la guerre de Cent Ans est finie.

1422 **L'avènement de Charles VII.** À la mort de son père Charles VI, son fils Charles VII prend le titre de roi de France même s'il ne règne, depuis Bourges, que sur les pays du sud de la Loire.

CHARLES VII

1429 **La libération d'Orléans et le couronnement du roi à Reims.** Jeanne d'Arc et les troupes royales délivrent Orléans, assiégée par les Anglais. La ville commande la traversée de la Loire, protection naturelle du royaume de Bourges. Le 17 juillet, au terme d'une chevauchée à travers des terres contrôlées par les Anglais, Jeanne d'Arc fait sacrer roi à Reims Charles VII, confortant sa légitimité aux yeux du peuple.

1430 **L'emprisonnement de Jeanne d'Arc.** En mai, les bourguignons capturent Jeanne d'Arc devant Compiègne avant de la vendre aux Anglais. Elle est brûlée vive, un an plus tard, à Rouen.

1435 **Le retournement d'alliance bourguignonne.** Convaincu qu'il n'y a plus rien à attendre des Anglais, Philippe le Bon, duc de Bourgogne, conclut avec Charles VII la paix d'Arras après de longues et difficiles négociations. La légitimité de Charles VII est confirmée. Le duc de Bourgogne, libéré de tout lien féodal à l'égard du roi de France, reçoit plusieurs villes de Picardie. Les Anglais cessent d'être des alliés d'un parti français et deviennent des occupants étrangers. Les Parisiens ouvrent leur ville aux troupes royales et en chassent la garnison anglaise.

1444 **La monarchie anglaise en proie à des difficultés.** Les Anglais connaissent une grave crise intérieure. En France, ils ne contrôlent plus que la Normandie et la Guyenne. Ils demandent la paix. Charles VII n'accorde qu'une trêve de cinq ans.

1445 **La création d'une armée royale par Charles VII.** Une réforme financière permet la levée d'un impôt régulier. Une réforme militaire prolonge celle des finances : Charles VII crée une armée permanente de gens d'armes qu'il dote d'une artillerie appelée à jouer un rôle tactique décisif dans les derniers combats. C'est la première fois qu'un roi de France dispose d'une armée qui dépend totalement de lui.

1450 **La reconquête de la Normandie.** La reconquête est rapide parce que les troupes de Charles VII sont soutenues par les populations rurales.

1453 **La dernière bataille de la guerre de Cent Ans.** Commencée en 1451, la conquête de la Guyenne présente plus de difficultés pour le roi de France. La ville de Bordeaux, conquise par les Français en 1451, est réoccupée en 1452 par les Anglais et reprise en 1453. Trois siècles d'occupation anglaise ont en effet noué d'importants liens commerciaux fondés sur l'exportation du vin bordelais. La dernière bataille se déroule cependant à Castillon, près de Libourne. Trois cents petits canons légers, les couleuvrines, déciment les Anglais. La Guyenne est française, la guerre de Cent Ans est terminée.

JEANNE D'ARC

◼︎ Les premières années

Jeanne naît à Domrémy d'un père paysan aisé et d'une mère très pieuse. À 13 ans, elle entend des voix : elle doit chasser les Anglais et faire couronner le roi. En 1429, le seigneur du village lui donne escorte et lettre d'introduction pour Charles VII. À Chinon, elle reconnaît le roi caché parmi les courtisans. Des théologiens l'examinent. Pieuse, vive d'esprit et vierge, elle ne sait pas lire. Le roi lui fournit une armure. Elle part pour Orléans.

◼︎ L'énigme Jeanne d'Arc

Comment une paysanne affirmant avoir reçu du ciel une mission a-t-elle pu être prise au sérieux par Charles VII ? Où a-t-elle appris à monter à cheval et à manier des armes ? Dans son siècle, après tant de guerres et d'épidémies, les « inspirées » sont nombreuses. Il s'agit de femmes illettrées issues du monde rural. Mais Jeanne était attendue. Une prophétie annonçait que la France serait « restaurée par une Pucelle des marches de Lorraine ».

◼︎ Le procès

Après l'achat de Jeanne à son geôlier bourguignon, les Anglais veulent prouver que c'est une envoyée du diable pour invalider le sacre de Charles VII à Reims. L'évêque de Beauvais, Cauchon, dirige le procès qui s'ouvre le 9 janvier 1431 à Rouen, capitale anglaise de la France occupée. Jeanne est jugée hérétique. Le 24 mai, elle se soumet. Le 28, elle revient sur ses « aveux ». Déclarée relapse, elle est brûlée vive le 30 mai.

Jeanne d'Arc au sacre du roi Charles VII, dans la cathédrale de Reims. Ce tableau du XIXᵉ siècle reflète l'idée religieuse que les catholiques français se faisaient alors de Jeanne d'Arc.

Sorcière condamnée par l'Église, fille du peuple incarnation du patriotisme, Jeanne d'Arc suscite à travers le royaume un enthousiasme messianique qui la rend célèbre dès le début de son aventure. Son œuvre se limite pourtant à la délivrance d'Orléans et au sacre de Charles VII, déjà roi depuis sept ans.

PRÉHISTOIRE
ANTIQUITÉ
MOYEN ÂGE
ANCIEN RÉGIME
RÉVOLUTION
XIXe SIÈCLE
XXe SIÈCLE
XXIe SIÈCLE

La restauration du pouvoir royal

Louis XI s'efforce de moderniser le royaume et d'amorcer une centralisation de l'État. Il s'emploie à réduire les dernières révoltes féodales et son règne est marqué par son affrontement victorieux avec le duc de Bourgogne Charles le Téméraire. De plus, par les acquisitions territoriales de Louis XI et de son fils Charles VIII, les contours de la France actuelle commencent à se dessiner.

1461

LOUIS XI

L'avènement de Louis XI. À la mort de Charles VII avec lequel les relations ont été tumultueuses, son fils Louis XI accède au trône à 38 ans. Il procède à de nombreuses révocations parmi les conseillers de son père.

1465 **Le conflit avec les grands féodaux.** À Montlhéry, Louis XI affronte les troupes d'une large coalition dite du « Bien public ». Elle réunit les grands féodaux inquiets de l'autoritarisme du nouveau roi. Elle réclame des réformes : suppression de l'armée permanente et baisse de la fiscalité. Le sort de la bataille est indécis. C'est par la négociation et des concessions séparées que Louis XI démantèle la coalition.

1467 **Les tensions avec la Bourgogne.** Le nouveau duc, Charles le Téméraire, fait des préparatifs militaires. Il veut envahir la Lorraine, l'Alsace et la Champagne pour réunir la Flandre à la Bourgogne. Louis XI lui propose une rencontre à Péronne en octobre 1468. Charles le Téméraire contraint le roi à accepter ses volontés.

1470 **La guerre contre les bourguignons.** Le conflit entre le roi de France et le duc de Bourgogne a alors pour cadre la Picardie, où Charles le Téméraire, épuisé par une guerre de sièges, est mis en échec devant Beauvais.

1475 **La neutralisation de l'invasion anglaise.** Charles le Téméraire a sollicité l'aide des Anglais qui débarquent en juillet. Mais au mois d'août, à Picquigny, sur la Somme, au milieu d'un pont coupé par une grille de bois, Louis XI rencontre Édouard IV d'Angleterre et achète son retrait.

1477 **La mort de Charles le Téméraire.** Les projets alsacien et lorrain de Charles le Téméraire suscitent d'autres adversités que celle du roi de France. Les villes se révoltent. Il est tué alors qu'il assiège Nancy pour prendre le contrôle du duché de Lorraine. L'héritage bourguignon revient à sa fille Marie de Bourgogne.

1481 **L'héritage de René d'Anjou.** Après la mort sans héritier de son cousin duc d'Anjou, Louis XI recueille par héritage l'Anjou, le Maine et la Provence.

1482 **Le traité d'Arras.** À la mort de Marie de Bourgogne, son mari, Maximilien de Habsbourg, abandonne à Louis XI la Bourgogne et la Picardie.

1483 **La mort de Louis XI.** Louis XI laisse un enfant de 13 ans sur le trône : Charles VIII. La fille aînée de Louis XI, Anne de Beaujeu, assure la régence et lutte avec succès contre les révoltes de féodaux conduites par Louis d'Orléans, cousin germain du jeune roi et futur Louis XII.

1491

CHARLES VIII

Le mariage breton de Charles VIII. Charles VIII, qui gouverne désormais seul, se marie avec la duchesse Anne de Bretagne. Il réunit ainsi à la France le dernier grand fief indépendant.

LOUIS XI CONTRE CHARLES LE TÉMÉRAIRE

▪️ Deux personnalités inconciliables

Louis XI, intelligent, réaliste, a le goût de l'intrigue, il est « l'universelle aragne » (araignée). Il veut juguler la turbulence des grands féodaux. Charles, intelligent, courageux et autoritaire, est impatient de réaliser ses desseins, d'où son surnom : « le Téméraire ». Il veut réunir en un royaume indépendant les riches terres de Flandre à la Bourgogne.

Duc de Bourgogne de 1467 à 1477, Charles le Téméraire a le goût des vêtements d'apparat.

Roi de France de 1461 à 1483, Louis XI affectionne des vêtements simples et porte de curieux chapeaux à poil ras.

▪️ Louis XI pris au piège de Péronne

Le 9 octobre 1468, Louis XI, muni d'un sauf-conduit, se rend à Péronne pour convaincre le duc de Bourgogne de renoncer à la guerre. Au même moment, Liège, en Flandre, se soulève à l'instigation du roi. Le 11 octobre, Charles le Téméraire, qui a appris le complot, fait fermer les portes de la ville. Prisonnier, le roi accorde ce que lui demande le duc.

▪️ La fin tragique de Charles le Téméraire

Louis XI lance les Suisses dont il a acheté les services et le duc de Lorraine contre le duc de Bourgogne qui est défait à Granson, en mars 1476, et à Morat, en juin. Fou de rage, Charles le Téméraire assiège Nancy en octobre. Le 5 janvier 1477, le combat s'engage contre une importante armée de secours suisse. Deux jours plus tard, on retrouve le cadavre du duc à moitié dévoré par les loups.

La mort de Charles le Téméraire met fin au rêve bourguignon. Elle assure le triomphe de Louis XI qui, usant de son intelligence et de l'argent, apparaît comme le fondateur d'une monarchie d'un type nouveau.

PRÉHISTOIRE

ANTIQUITÉ

MOYEN ÂGE

ANCIEN RÉGIME

RÉVOLUTION

XIXᵉ SIÈCLE

XXᵉ SIÈCLE

XXIᵉ SIÈCLE

L'attrait italien

En héritant des possessions du duc d'Anjou, les rois de France recueillent des droits sur le royaume de Naples. C'est l'origine des guerres d'Italie. Charles VIII et Louis XII y connaissent de brillants succès suivis de revers qui les obligent à abandonner leurs conquêtes. Mais la rencontre et l'embauche d'artistes italiens favorisent l'émergence d'une renaissance des arts en France.

1494

CHARLES VIII

Le rêve d'Italie et la conquête du royaume de Naples. L'Italie, qui connaît depuis le début du xvᵉ siècle une brillante renaissance des arts, exerce une fascination sur Charles VIII qui rêve de lancer une nouvelle croisade à partir de Naples. Après avoir acheté la neutralité du roi d'Angleterre, du roi d'Aragon, de l'empereur Maximilien et négocié le passage de ses troupes dans les États du pape, Charles VIII effectue un parcours triomphal de cinq mois en Italie. Il traverse Pavie, Florence, Rome sans encombre et il entre sous les ovations de la foule dans Naples dont le roi s'est enfui.

1495

La bataille de Fornoue et la perte du royaume de Naples. Inquiets des succès français, les Vénitiens, le pape et le duc de Milan ont formé la Ligue de Venise pour bloquer le retour des troupes françaises. Charles VIII est « prisonnier » en Italie du Sud. Alors qu'il regagne la France, il se heurte à Fornoue, sur un affluent du Pô, à l'armée des coalisés, qui sont trois fois plus nombreux. La charge furieuse des chevaliers français permet au roi de regagner la France. Mais le royaume de Naples est perdu.

1498

LOUIS XII

L'avènement de Louis XII. C'est alors qu'il prépare sa revanche que Charles VIII meurt accidentellement, sans héritier. C'est la fin des Valois directs, mais la succession ne suscite aucun trouble. Le duc Louis d'Orléans, arrière-petit-fils de Charles V, monte sur le trône sous le nom de Louis XII. L'année suivante, il épouse Anne de Bretagne, la veuve de Charles VIII.

1500

Les nouvelles ambitions italiennes. Après avoir pris le duché de Milan en octobre 1500, Louis XII choisit de reprendre Naples en association avec le roi d'Aragon. C'est chose faite en juin 1501, mais dès 1502 le roi d'Aragon ne respecte pas l'accord de partage et les escarmouches dégénèrent en guerre ouverte. Après deux cinglantes défaites françaises, la perte du royaume de Naples est définitive : il reste aux mains des Espagnols.

1511

La Sainte Ligue. Après s'être servi des Français contre Venise dont l'expansion menaçait ses intérêts, le pape Jules II forme contre eux la Sainte Ligue, qui regroupe Anglais, Espagnols, Suisses et Vénitiens. Ulcéré, Louis XII veut faire déposer Jules II par un concile réuni à Pise. Jules II réunit au Latran un concile qui déclare les Français schismatiques, c'est-à-dire ne reconnaissant pas l'autorité du pape.

1513

La menace sur le royaume. La coalition antifrançaise initiée par Jules II remporte des succès et, pour la première fois depuis des décennies, le territoire est menacé. Les Suisses assiègent Dijon, les Anglais envahissent la Picardie. Après la mort de Jules II, une série de traités met fin aux hostilités. Les Français perdent toute leurs possessions en Italie, mais grâce à des concessions territoriales et financières, Louis XII parvient à briser la coalition de ses adversaires.

LA RENAISSANCE EN FRANCE

Le château de Chambord est construit par François Iᵉʳ entre 1519 et 1550 d'après un projet de Léonard de Vinci. Clarté géométrique du plan, harmonie des proportions, fantaisie des toitures, tout concourt à en faire un symbole de la Renaissance française.

▪ La passion des rois de France pour l'Italie

Les guerres menées en Italie permettent aux élites françaises de découvrir un mode de vie plus raffiné. Enthousiasmés par les palais italiens, Charles VIII, Louis XII et François Iᵉʳ font des châteaux royaux les centres d'une Renaissance française. Ils y font venir décorateurs et artistes italiens.

▪ Le château de Blois, joyau de la Renaissance française

L'aile François Iᵉʳ du château de Blois est un joyau de la Renaissance française. Sur la façade de la cour d'honneur, couronnée par une balustrade et surmontée de belles lucarnes décorées de statues d'enfants, se détache le grand escalier. Il est installé dans une tour octogonale aux faces presque entièrement ajourées. Trois étages de balcons rampants s'enroulent en spirale autour de la construction.

▪ Un style propre à la Renaissance française

Dans un premier temps, les décorateurs italiens embellissent des façades percées de vastes fenêtres et organisées avec symétrie.

Ils les ornent de statues, de corniches et de frontons. Au milieu du XVIᵉ siècle se dégage un style français qu'incarne le Louvre de l'architecte Pierre Lescot : des façades plates découpées par de hautes fenêtres, ornées de colonnes et de pilastres et coiffées de toits pentus dits « à la française », avec lucarnes.

Château de Blois, aile François Iᵉʳ. L'escalier à vis remplace une tour médiévale, la façade est percée de fenêtres à meneau et le toit pentu présente des lucarnes couronnées de frontons.

La Renaissance française s'exprime essentiellement au plan architectural, dans les châteaux royaux où les influences italiennes se mêlent aux traditions artistiques nationales. Les rêves de pierre que sont les châteaux du Val de Loire imposent la France comme un grand foyer de la Renaissance en Europe.

PRÉHISTOIRE

ANTIQUITÉ

MOYEN ÂGE

ANCIEN RÉGIME

RÉVOLUTION

XIXᵉ SIÈCLE

XXᵉ SIÈCLE

XXIᵉ SIÈCLE

La mise en place de la monarchie absolue

Le conflit autour du duché de Milan, en Italie, sert de prétexte à un affrontement entre le roi de France François Iᵉʳ et Charles Quint, l'arrière-petit-fils de Charles le Téméraire. Henri II poursuit la lutte pour le contrôle de l'hégémonie européenne. Avec François Iᵉʳ et l'ordonnance de Villers-Cotterêts, la France devient un État moderne mais elle connaît les prémices des guerres de Religion.

1515 **L'avènement de François Iᵉʳ et la victoire de Marignan.** Louis XII meurt sans héritier mais la succession ne s'accompagne d'aucun trouble. Son gendre et cousin François d'Angoulême règne sous le nom de François Iᵉʳ. Il reprend aussitôt la guerre en Italie et remporte un succès à Marignan.

FRANÇOIS Iᵉʳ

1516 **Le concordat de Bologne.** Le concordat donne au roi de France un droit de regard sur la nomination des évêques et des abbés par le pape.

1520 **L'échec du Camp du Drap d'or.** Au cours d'une entrevue restée célèbre par le luxe déployé, François Iᵉʳ ne peut obtenir l'alliance du roi d'Angleterre Henri VIII. Ce dernier choisit de soutenir Charles Quint qui vient de réunir à l'héritage bourguignon l'empire d'Autriche et le royaume d'Espagne.

1525 **Le désastre de Pavie.** C'est alors qu'il se hâte pour reconquérir le duché de Milan dont les Français ont été chassés en 1522 que François Iᵉʳ est vaincu et fait prisonnier à Pavie par les troupes de Charles Quint. Pour recouvrer sa liberté, François Iᵉʳ renonce au duché de Bourgogne et à l'héritage italien. Libéré, il déclenche un second conflit au terme duquel abandonne tout dessein italien mais retrouve la Bourgogne.

1534 **L'affaire des Placards.** Dans la nuit du 17 au 18 octobre, des pamphlets sont affichés jusqu'à la porte de la chambre du roi à Amboise. Rédigés par des protestants, ils traitent de menteurs et de blasphémateurs le pape et « toute sa vermine ».

1539 **L'ordonnance de Villers-Cotterêts.** Il prescrit le français, et non plus le latin, pour la rédaction des actes administratifs ou notariés et pour la tenue par les curés des registres de baptêmes et de sépultures dans chaque paroisse. L'édit pose le socle de l'unité linguistique et administrative du royaume.

1545 **La fin de l'hérésie vaudoise.** En Provence, 3 000 hérétiques vaudois sont massacrés sur l'ordre du parlement d'Aix. Les survivants sont envoyés aux galères.

1547 **L'avènement d'Henri II.** À la mort de François Iᵉʳ, son fils Henri II lui succède et écarte l'équipe de conseillers de son père.

1552 **L'alliance contre Charles Quint.** Alors qu'il a créé dans tout le royaume des « chambres ardentes » qui répriment l'hérésie et poursuivent les protestants français, Henri II s'allie aux princes protestants allemands contre Charles Quint. En échange de l'aide qu'il leur apporte, il s'empare des Trois-Évêchés de Lorraine : Metz, Toul et Verdun.

HENRI II

1559 **Le traité du Cateau-Cambrésis.** Las de la guerre, Henri II et Philippe II, fils de Charles Quint, signent la paix. La France renonce à l'Italie, retrouve Saint-Quentin perdu après une lourde défaite en 1557, conserve Calais enlevé aux Anglais en 1558 et les Trois-Évêchés.

MARIGNAN

François Ier dans l'éclat de ses 30 ans. Vêtu d'un somptueux pourpoint brodé, la main sur l'épée, il pose en roi chevalier. Bayard l'a fait chevalier au soir de Marignan.

▪ Une nuit, « le cul sur la selle, la lance au poing »

Commencée le 13 septembre vers 16 heures, le sort de la bataille est incertain. Les armées sont enchevêtrées lorsque le brouillard et la nuit font cesser le combat. François Ier reste, selon ses dires, « le cul sur la selle, la lance au poing » et réorganise ses défenses. Dans la matinée du 14, l'artillerie française décime les Suisses et l'arrivée de renforts vénitiens provoque leur retraite. La bataille fait 15 000 morts, pour deux tiers suisses. Après celle-ci, les cantons suisses se déclarent officiellement neutres dans tous les conflits futurs.

Victoire éphémère à l'échelle des guerres d'Italie, la bataille de Marignan, célébrée comme un haut fait de la chevalerie française, témoigne de l'importance nouvelle de l'artillerie. Elle permet à François Ier de commencer son règne par un signe éclatant et d'asseoir pour quelques années une puissance qui semble sans égale en Europe.

▪ Une armée sur un chemin muletier

François Ier brûle de reconquérir le Milanais. Il achète la neutralité d'Henri VIII d'Angleterre et s'allie avec Venise. Les Suisses alliés du pape Léon X et du duc de Milan sont postés au débouché des deux grands passages alpins. En cinq jours, du 15 au 20 août, toute l'armée de François Ier (infanterie, cavalerie et artillerie) franchit les Alpes par un difficile chemin muletier qui grimpe à 2 000 m.

▪ Les forces en présence

C'est à Marignan, à 12 km de Milan, dans une vaste plaine sans relief coupée de marécages, que François Ier dispose son armée. Il a sous ses ordres 40 000 hommes et une redoutable artillerie : 72 grosses pièces et 3 000 pièces légères. Du côté italien sont réunis plus de 35 000 mercenaires suisses armés de piques de 6 m pour repousser les charges de cavalerie.

François Ier sur le champ de bataille de Marignan

Les guerres de Religion

Quarante ans durant, la France connaît une succession de guerres civiles entre catholiques et protestants, entre papistes et huguenots. Les violences sont mutuelles. François II (15 ans) et Charles IX (10 ans) laissent le pouvoir à Catherine de Médicis. L'alternance entre répression et tolérance aboutit, en août 1572, aux massacres de la Saint-Barthélemy.

1559

FRANÇOIS II

L'avènement de François II. Henri II, gravement blessé au cours d'un tournoi, meurt peu après. Son fils François II lui succède.

1560

CHARLES X

La conjuration d'Amboise. Les chefs du parti protestant se constituent en tant que faction politique et projettent d'enlever le roi pour le soustraire à l'influence catholique de la puissante famille des Guise. Le complot est déjoué en mars, ses chefs sont pendus aux créneaux du château d'Amboise.

L'avènement de Charles IX. En décembre, François II meurt sans héritier. Son frère Charles IX lui succède.

1561 **Le colloque de Poissy.** À l'invitation de Michel de L'Hospital, chancelier du royaume, douze pasteurs protestants exposent leur doctrine devant l'assemblée du clergé de France. Ils se disent dégoûtés par les « coupables dérèglements » de l'Église, rejettent la vénération de la Vierge et des saints et prônent un culte dépouillé. Les évêques catholiques portent un autre regard : pour eux, avec l'imprimerie, la pensée de Luther et de Calvin, précurseurs de la Réforme, suit les grands axes de circulation « comme une épidémie ». Au lieu d'apaiser les haines religieuses, le colloque les envenime.

1562 **Un édit de tolérance.** En janvier, les protestants obtiennent le droit de pratiquer publiquement leur culte de jour, dans les faubourgs des villes.

Le massacre de Vassy. Le 1ᵉʳ mars, à Vassy, en Champagne, le duc de Guise massacre des protestants qui célèbrent leur culte dans une grange. Les guerres de Religion commencent.

1565 **Le nouveau début d'année.** L'édit de Roussillon en 1564 fixe le commencement de l'année calendaire au 1ᵉʳ janvier. Jusque-là, elle commençait la veille de Pâques.

1567 **Une prise d'armes huguenote.** À Meaux, en septembre, les protestants tentent de s'emparer de Charles IX. Catherine de Médicis et le roi se réfugient à Paris.

Une prise d'armes catholique. À Saint-Denis, en novembre, l'armée royale catholique assiège des huguenots retranchés dans la ville. Elle est victorieuse ; les chefs protestants, Condé et Coligny, parviennent à fuir.

1570 **La paix de Saint-Germain.** L'attitude antiprotestante de Catherine de Médicis, le renvoi de Michel de L'Hospital, qui modérait cette attitude, entraînent une guerre plus violente que les précédentes. Battus en mars et en octobre 1569 à Jarnac et à Moncontour, les protestants perdent aussi leur chef, le prince de Condé. Henri de Béarn, roi de Navarre, prend leur tête. Catherine de Médicis conclut avec eux la paix de Saint-Germain. Outre une liberté de culte contrôlée, elle leur accorde pour deux ans quatre places fortes : La Rochelle, Cognac, Montauban, La Charité-sur-Loire.

1572 **La Saint-Barthélemy.** Le 24 août commence le massacre des protestants.

LA SAINT-BARTHÉLEMY

Le tableau de François Dubois, protestant réfugié en Suisse, peint vers 1580, donne à voir la défenestration et la décapitation de Coligny et Catherine de Médicis, toute de noire vêtue, aux portes du Louvre.

■ Les prémices d'un massacre

Catherine de Médicis veut prolonger la paix de Saint-Germain en mariant sa fille Marguerite à Henri de Navarre. Le 18 août 1572, les principaux nobles protestants sont à Paris. Le 22 août, Coligny, qui siège depuis juin au Conseil du roi Charles IX, est blessé d'un coup d'arquebuse. Les protestants réclament justice. Catherine de Médicis convainc le roi que si les princes protestants réunis au Louvre ne sont pas exterminés, il y a péril pour sa vie.

■ La rage de tuer

À l'aube du dimanche 24 août 1572, dans un Paris où l'on a fermé les portes de la ville, l'amiral de Coligny est assassiné chez lui. Au signal du glas, des hommes, croix blanche au chapeau, massacrent les protestants. Aux 200 nobles tués aux abords du Louvre s'ajoutent les cadavres de quelque 2 700 anonymes assassinés au hasard des rencontres. La fureur aveugle ne cesse que le soir. Henri de Navarre est épargné : il a abjuré.

■ Les extensions en province

À la nouvelle des tueries de Paris, des fanatiques massacrent les protestants de province. À Orléans, 1 200 protestants sont exécutés en trois jours. À Rouen, ils sont égorgés dans les prisons où l'évêque les avait enfermés pour les protéger. Bourges, Lyon, Troyes sont touchées. Dans les villes du Midi, des exécutions systématiques ont lieu en octobre.
Au total, on dénombre en province plus de 7 000 victimes.

> Massacre avec préméditation dans une guerre civile où les cruautés des uns répondent aux atrocités des autres, la Saint-Barthélemy est d'autant plus un crime inutile qu'elle n'atteint pas son but : loin d'anéantir les protestants, elle leur donne l'occasion de cimenter leur unité contre un roi de France qu'ils qualifient de tyran.

PRÉHISTOIRE

ANTIQUITÉ

MOYEN ÂGE

ANCIEN RÉGIME

RÉVOLUTION

XIXᵉ SIÈCLE

XXᵉ SIÈCLE

XXIᵉ SIÈCLE

La France divisée

Le règne d'Henri III est, pour la France, celui de la division. Ses autorisations et ses interdictions successives du culte protestant exacerbent les passions. Et quand Henri de Navarre, chef des huguenots, devient le possible successeur du trône, le pouvoir royal se heurte aux menées de la Ligue catholique des Guise. Le pays est au bord du chaos quand Henri III est assassiné par un moine.

1574 **L'avènement d'Henri III.** À la mort de Charles IX, son frère Henri III lui succède.

HENRI III

1576 **L'abjuration d'Henri de Navarre.** Henri de Navarre s'enfuit en février de la Cour où il était retenu et abjure le catholicisme qu'on lui avait imposé lors de la Saint-Barthélemy. Il rejoint et renforce le parti protestant.

La Sainte Ligue catholique. En réponse à l'édit royal de Beaulieu qui autorise le culte protestant sans restriction de temps ni de lieu, excepté à Paris, et qu'ils jugent donc trop favorable aux huguenots, les catholiques décident en juin de s'unir en une Sainte Ligue dirigée par les Guise pour la défense de la religion. Henri III prend la tête de la Ligue en décembre et engage ses sujets à vivre et à mourir « dans la vraie religion ».

1584 **La France des trois Henri.** Le frère d'Henri III meurt et lui-même n'a pas d'enfant. Henri de Navarre devient donc l'héritier légitime du trône de France. La noblesse et la Ligue catholique lui opposent Henri de Guise.

1585 **L'édit de Nemours.** L'édit royal supprime la liberté de culte et la liberté de conscience. Les protestants doivent, avant six mois, choisir entre l'exil et l'abjuration.

1587 **Des succès militaires partagés.** Henri de Navarre bat, à Coutras, l'armée royale catholique en octobre. Henri de Guise bat, à Montargis, les troupes suisses et allemandes venues épauler les protestants français en novembre.

1588 **La journée des Barricades.** Grisé par ses victoires, Henri de Guise songe à détrôner Henri III, qui lui interdit d'entrer dans Paris, et fait appel à 6 000 gardes suisses pour parer à l'éventualité d'un coup de force. La Ligue déclenche l'émeute et barre les rues avec des barriques remplies de terre et de pavés : c'est l'invention des barricades. Le 13 mai, Henri III s'enfuit en secret du Louvre, encerclé par la foule et les ligueurs.

L'assassinat d'Henri de Guise. À l'occasion des états généraux réunis à Blois, Henri III convoque le duc de Guise et le fait assassiner par sa garde personnelle le 23 décembre. Le lendemain, c'est le tour de son frère, le cardinal de Guise. « À présent je suis roi ! » s'écrie alors Henri III. À Paris, le Conseil des Seize (seize quartiers) qui dirige la ville prononce la déchéance du roi, nomme le duc de Mayenne (encore un Guise !) lieutenant général du royaume.

1589 **L'assassinat d'Henri III.** Sommé par le pape de se rendre à Rome pour se disculper de l'accusation d'assassinat sur les Guise, trop faible pour résister seul à l'offensive ligueuse, Henri III se rapproche d'Henri de Navarre. Leurs armées mettent le siège devant Paris. À Saint-Cloud, un moine dominicain exalté, Jacques Clément, prétend devoir remettre au roi un document secret utile pour prendre Paris. Mis en présence d'Henri III, il le tue de deux coups de poignard avant d'être massacré par la garde.

LA FRANCE DES GUERRES DE RELIGION

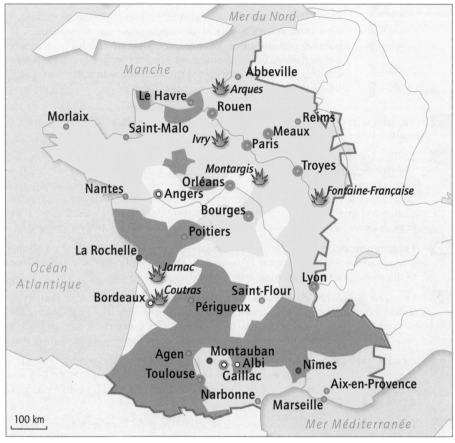

Frontières du royaume vers 1560

Régions à forte minorité protestante

Zones d'influence de la Ligue

Bataille importante

● Villes structurantes de l'« État » protestant

● Principales villes ligueuses

○ Lieux de massacre de la Saint-Barthélemy (1572)

Vers 1560, le nombre d'églises protestantes en France est évalué à environ 2 000. Elles rassemblent près de 2 millions de fidèles, soit 10 % de la population du royaume.

Au lendemain de la Saint-Barthélemy, ayant perdu confiance dans le roi, le parti protestant organise sur les territoires qu'il contrôle une sorte d'« État » huguenot avec armées permanentes, impôts, lois, justice et « assemblées politiques ».

Henri IV, la paix retrouvée

Henri IV met cinq ans pour conquérir son royaume. Sa grandeur est d'avoir rétabli la paix civile et religieuse et d'avoir restauré le pouvoir monarchique. Avec fermeté, il contraint les parlements à enregistrer l'édit de Nantes, courageux compromis qui instaure la tolérance civile entre catholiques et protestants. Mais, en 1610, Henri IV est assassiné par un catholique dévot.

1589 **L'avènement d'Henri IV.** Devenu roi de France sous le nom d'Henri IV, Henri de Navarre doit conquérir son royaume.

1590 **La victoire d'Ivry et le panache blanc.** Henri IV rencontre à Ivry les troupes de la Ligue commandées par le duc de Mayenne. Il les a déjà battues à Arques six mois auparavant, mais la victoire d'Ivry, en mars 1590, s'inscrit dans les mémoires. C'est là qu'il enjoint ses troupes à suivre le panache blanc surmontant son casque. Abondamment relayé par la propagande royale, cet épisode devient mythique. En mai, il met le siège devant Paris qui reçoit en septembre le secours de troupes espagnoles.

1593 **L'abjuration définitive d'Henri IV.** Constatant que seule sa religion est un obstacle à sa montée sur le trône, Henri IV se livre, selon sa propre expression, à un « saut périlleux ». Il abjure le protestantisme à Saint-Denis le 25 juillet.

1594 **Le sacre et l'entrée dans Paris.** Henri IV est sacré roi à Chartres le 26 février 1594 (et non à Reims qui est alors aux mains des ligueurs). Il entre sans combat, le 22 mars 1594, dans un Paris las des excès et des abus de la Ligue : justice expéditive et mise en listes des Parisiens trop tièdes assorties des lettres C, D ou P pour « chassé », « dagué » ou « pendu ».

HENRI IV

1595 **La paix avec l'Espagne.** Philippe II d'Espagne, appelé par les ligueurs, continue le combat : la Bourgogne et la Picardie sont envahies. Mais la victoire d'Henri IV à Fontaine-Française aboutit au traité de Vervins (2 mai) qui reprend les clauses du traité du Cateau-Cambrésis de 1559.

1598 **L'édit de Nantes.** Il assure aux protestants le libre exercice du culte dans les 700 villes et bourgs, Paris excepté, où il était pratiqué avant 1597, et le libre accès à tous les emplois. Il établit 151 lieux de refuge, dont 51 places de sûreté tenues par eux. Il réaffirme aussi la primauté du catholicisme dans le royaume.

1602 **La réaffirmation monarchique.** Henri IV n'a de cesse d'asseoir son autorité face aux autonomies municipales et aux grands nobles. Dans les villes ligueuses, le roi ne confie les responsabilités qu'à des officiers royaux dont la fidélité est acquise. Les complots donnent lieu à une répression exemplaire. Le maréchal Biron, gouverneur de Bourgogne, s'estimant mal récompensé des services rendus, conspire contre Henri IV avec l'aide des Espagnols. Il est arrêté, jugé et exécuté à la Bastille.

1604 **Sully et la restauration des finances.** Sully, surintendant des Finances rétablit l'ordre des comptes et la perception des impôts. Il dote la monarchie d'importantes ressources par la création d'une taxe, la « Paulette ». Les offices, charges de justice ou de finances s'achetaient. Moyennant une taxe annuelle collectée par Charles Paulet, égale au soixantième de la valeur de la charge, celle-ci devient héréditaire.

1610 **La mort d'Henri IV.** Le 14 mai, Henri IV est assassiné par Ravaillac.

L'ASSASSINAT D'HENRI IV

Ce tableau du XIXᵉ siècle montre la totalité de la scène dans son déroulement chronologique : Henri IV mortellement blessé et l'arrestation de Ravaillac.

■ Le roi sans escorte

Le 14 mai, à 16 heures, Henri IV quitte le Louvre dans un carrosse ouvert pour se rendre chez Sully, surintendant des finances. Il a renvoyé sa garde. Dans l'étroite rue de la Ferronnerie, le passage est obstrué par deux charrettes. Un homme surgit, prend appui sur un rayon de la roue arrière, frappe le roi à la poitrine avec un grand couteau. Le meurtrier est aussitôt arrêté. Le carrosse retourne au Louvre. Le roi expire une heure après.

■ Les mobiles de Ravaillac

Ravaillac, le tueur, est un grand homme roux de 30 ans, exalté, originaire d'Angoulême. Interrogé du 16 au 19 mai, torturé le 25, il n'avoue aucune complicité. Bon catholique, nourri de pamphlets louant Jacques Clément, le moine assassin d'Henri III, il a entendu dire qu'Henri IV voulait faire la guerre au pape et préparait une Saint-Barthélemy des catholiques. C'est, depuis 1690, la vingtième tentative d'assassinat contre la personne du roi.

■ Le supplice du régicide

Le châtiment de Ravaillac est exemplaire. Soumis une dernière fois à la question, le régicide ne parle pas. Le bras qui a frappé le roi est plongé dans du soufre en feu. Son corps est tenaillé, du plomb fondu, de l'huile et de la résine bouillantes sont versés sur les plaies. Après une pause pour qu'il « se sente mourir » en « distillant son âme goutte à goutte », Ravaillac est écartelé. Son corps démembré est brûlé.

L'assassinat d'Henri IV fait entrer dans la légende le bon roi Henri, le roi le plus populaire qu'ait eu la France depuis longtemps, mais il rompt un équilibre précaire et amène au pouvoir Marie de Médicis, la catholique, qui conduit une politique extérieure opposée à celle imaginée par son époux.

Le règne de Louis XIII

Dix-huit ans durant, le règne de Louis XIII est marqué par l'étroite association du roi avec son ministre, le cardinal de Richelieu. Ce dernier a le souci constant de renforcer l'autorité royale et de préserver la grandeur du royaume. Par la force, il met fin à l'indépendance politique des protestants et aux rébellions de la noblesse. Il impose aussi l'idée qu'il existe une raison d'État.

1610 **La régence de Marie de Médicis.** À la mort d'Henri IV, son fils n'a que 9 ans. Louis XIII est couronné à Reims le 17 octobre, mais le Parlement de Paris a confié la régence à sa mère, Marie de Médicis. Elle prend conseil auprès de Leonora Galigaï, sa sœur de lait, et du mari de celle-ci, Concini, un intrigant dont l'enrichissement fait scandale.

1617 **Le « coup de majesté » de Louis XIII.** Le jeune Louis XIII fait assassiner Concini et
LOUIS XIII prend en main les rênes de l'État.

1620 **Le rétablissement du culte catholique en Béarn.** Louis XIII, roi de France et de Navarre, veut, conformément aux clauses de l'édit de Nantes, rétablir la religion catholique en Béarn. Il s'ensuit une guerre qui s'achève en 1622.

1624 **L'ascension de Richelieu au Conseil du roi.** Cardinal depuis deux ans déjà, Richelieu est appelé par Louis XIII au Conseil du roi en avril. Il en devient le chef dès le mois d'août.

1626 **Le contrôle de la société nobiliaire.** Les duels entre gentilshommes font entre 200 et 500 morts par an. Pour imposer un ordre royal, Richelieu fait publier et appliquer un édit qui condamne les duellistes à la peine capitale.

1627 **Le siège de La Rochelle.** Se sentant menacés, les protestants demandent secours aux Anglais qui occupent l'île de Ré, proche de La Rochelle, ville symbole de l'autonomie protestante. Richelieu isole la ville par une ligne de fortifications de 12 km et ferme le port par une digue monumentale. Les Rochellais expulsent les bouches inutiles que les troupes royales laissent mourir au pied des remparts. La ville tombe après un an de siège et 15 000 victimes (70 % de la population).

1629 **L'édit de grâce d'Alès.** Signé après de nouvelles victoires des armées royales sur des cités protestantes en Languedoc et dans les Cévennes, l'édit conserve aux protestants leurs garanties civiles et religieuses, mais détruit leurs places fortes.

1630 **La journée des Dupes.** Alors que l'on croit que Richelieu va être écarté selon le vœu de Marie de Médicis, Louis XIII le confirme dans sa fonction.

1635 **La guerre avec l'Espagne.** Pour juguler les progrès de l'Espagne catholique, la France lui déclare la guerre. Partis des Pays-Bas, les Espagnols envahissent la Picardie (1636), menacent Paris. Les Français réagissent, reprennent Hesdin, Bapaume et Arras (1640). Mais le triplement de l'impôt royal, dû à la guerre, provoque la révolte des croquants entre Loire et Garonne et celle des va-nu-pieds en Normandie.

1642 **Le respect de l'ordre royal.** Richelieu fait exécuter le marquis de Cinq-Mars, coupable d'avoir monté, avec le soutien de l'Espagne, une conspiration qui projetait de l'assassiner. Richelieu s'éteint toutefois le 4 décembre.

1643 **La mort de Louis XIII.** Louis XIII meurt le 4 mai.

LE CARDINAL DE RICHELIEU

Le cardinal de Richelieu, par Philippe de Champaigne, vers 1642. La précision du portrait et l'expression du cardinal montrent un homme sûr de lui, au sommet de sa puissance.

◼️ La conquête du pouvoir

Armand Jean du Plessis naît à Paris en 1585. L'évêché de Luçon étant traditionnellement dans la famille, et son frère y ayant renoncé pour être moine, il devient docteur en Sorbonne et est consacré évêque en 1607. Aux états généraux en 1615, il prononce le discours de clôture. Il est remarqué par Marie de Médicis. Entré au Conseil du roi en avril 1624, il lui suffit de quatre mois pour en prendre la direction.

◼️ La journée des Dupes ou le « grand orage »

Novembre 1630, au palais du Luxembourg, Marie de Médicis, hostile à la politique antiespagnole de Richelieu, exige son renvoi par le roi. Le cardinal survient. Marie de Médicis se déchaîne, Richelieu se jette aux pieds du roi qui quitte les lieux sans un regard pour lui. Le cardinal se croit perdu. Le lendemain, le roi le convoque à Versailles et le confirme dans ses fonctions. Marie de Médicis s'exile à Bruxelles. C'est la journée des Dupes.

◼️ La main de fer de l'homme en rouge

Le cardinal de Richelieu fascine par son obstination à « rendre le roi absolu en son royaume » et à ne manifester aucune pitié en cas de rébellion à son autorité. Il maintient l'ordre en province par l'envoi des « intendants de justice, police et finances », commissaires royaux temporaires dotés des pleins pouvoirs. Grand démolisseur de châteaux forts privés, il fait exécuter le comte de Boutteville, qui s'est battu au lendemain d'un édit interdisant les duels.

> Restaurateur du pouvoir royal, infatigable serviteur de l'État, Richelieu est plus un homme politique pragmatique qu'un théoricien de la monarchie absolue. Par l'ensemble de ses actions, et notamment la création des intendants, il tend à faire de la France un État moderne.

PRÉHISTOIRE

ANTIQUITÉ

MOYEN ÂGE

ANCIEN RÉGIME

RÉVOLUTION

XIXᵉ SIÈCLE

XXᵉ SIÈCLE

XXIᵉ SIÈCLE

Louis XIV, le Roi-Soleil

Marqué par la Fronde qui l'a chassé, enfant, de Paris, Louis XIV instaure et incarne la monarchie absolue de droit divin. Le Roi-Soleil est quotidiennement célébré par une Cour où s'épanouit l'art classique. Pour assurer à la France l'hégémonie européenne, il mène des guerres qui lui permettent d'agrandir un territoire national dont il fortifie les frontières.

1643   **L'avènement de Louis XIV.** À la mort de son père, Louis XIV n'a que 5 ans. Sa mère, Anne d'Autriche, assure la régence. Elle garde à son service le cardinal Mazarin, recommandé par Richelieu avant sa mort.

1648   **La Fronde.** Une fronde du Parlement de Paris qui s'oppose aux impôts et à leurs percepteurs, les intendants, et qui veut contrôler la monarchie, oblige la reine et le jeune Louis XIV à fuir Paris, une nuit de janvier 1649. Après avoir aidé à la répression de la fronde parlementaire, les princes déclenchent leur propre fronde, mais ils sont désunis. Mazarin, durement attaqué par tous, quitte la France. La proclamation de la majorité du roi en septembre 1651 provoque de nombreux ralliements. Un frondeur repenti, Turenne, mène les troupes royales contre Condé, passé aux Espagnols. En octobre 1652, le roi revient à Paris. Mazarin l'y rejoint en février 1653.

1659   **La fin de la guerre franco-espagnole.** La victoire de Dunkerque et le traité des Pyrénées mettent fin à la guerre avec l'Espagne. La France obtient l'Artois et le Roussillon. Louis XIV épouse une fille du roi d'Espagne qui s'engage à renoncer à toute prétention à la succession espagnole.

1661   **La « prise de pouvoir » de Louis XIV.** Mazarin meurt le 9 mars. Le 10, Louis XIV réunit les ministres et leur annonce, à 22 ans, sa décision de gouverner désormais sans principal ministre. En septembre, il écarte le puissant surintendant des finances Fouquet et le remplace par Colbert sans lui en donner le titre.
   Le chantier de Versailles. Les travaux débutent pour bâtir un château qui doit l'emporter sur tout autre. L'art classique, art politique et officiel, s'exprime dans la troisième campagne de travaux, à partir de 1678.

1665   **La guerre pour le contrôle des Pays-Bas espagnols.** À la mort de son beau-père Philippe IV d'Espagne, Louis XIV réclame les Pays-Bas espagnols, qu'il fait occuper. Hollandais et Anglais le contraignent, par la paix d'Aix-la-Chapelle (1668), à ne conserver qu'une douzaine de villes prises à l'Espagne, dont Lille et Douai.

1672   **La guerre contre la Hollande.** Louis XIV envahit la Hollande, qui l'a contraint à la paix en 1668 et dont la puissance commerciale gêne la France. La Hollande organise une coalition avec l'Autriche, l'Espagne et des princes allemands. Les troupes royales, menées par Turenne, gardent l'avantage. Par le traité de Nimègue (1678), la France acquiert la Franche-Comté et plusieurs villes des Pays-Bas espagnols : Cambrai, Valenciennes et Maubeuge. Repoussée loin de Paris, la frontière nord devient linéaire. Vauban, chargé de la protéger, établit une « ceinture de fer » de citadelles.

1681   **L'annexion des territoires de l'Est.** Persuadé que rien ne s'oppose à ses volontés, après avoir annexé la Sarre et le Luxembourg, Louis XIV réunit à la France Strasbourg et l'Alsace, provoquant la colère des princes allemands.

LE CLASSICISME

Commencé en 1661 et achevé un demi-siècle plus tard, le château de Versailles marque le triomphe du classicisme et symbolise la puissance du Roi-Soleil.

◼ En littérature

En littérature, le classicisme trouve son théoricien en la personne de Boileau qui énonce dans son *Art poétique* les règles à suivre pour la poésie et le théâtre. Au théâtre, Corneille, Molière et Racine remportent de vifs succès. D'autres écrivains connaissent aussi la célébrité : La Fontaine, Bossuet, Madame de Sévigné et La Rochefoucault.

◼ Un art de la norme

L'idéal classique triomphe sous le règne de Louis XIV. Il est conçu comme une esthétique des règles. La création des Académies répond d'ailleurs au besoin de codifier la production des œuvres.

Eliezer et Rebecca, tableau peint par Nicolas Poussin en 1648, est acquis par Louis XIV en 1665. L'organisation, la clarté et la précision du dessin apportent un équilibre, une simplicité ordonnée.

◼ En peinture et en architecture

En peinture, Nicolas Poussin incarne l'idéal classique par son attention aux couleurs, aux formes et par son souci d'exprimer le vrai. D'autres peintres sont aussi des classiques : le paysagiste Claude Gellée, dit le Lorrain, ou le portraitiste Philippe de Champaigne.

En architecture, le classicisme, illustré entre autres par le château de Versailles, s'épanouit dans les bâtiments de Louis Le Vau et de Jules Hardouin-Mansart.

PRÉHISTOIRE

ANTIQUITÉ

MOYEN ÂGE

ANCIEN RÉGIME

RÉVOLUTION

XIXᵉ SIÈCLE

XXᵉ SIÈCLE

XXIᵉ SIÈCLE

La fin du règne de Louis XIV

Au terme de la période glorieuse (1660-1680), deux dangers menacent la fin de règne de Louis XIV. Sa volonté de puissance l'entraîne dans de longues et vaines guerres financées par de nouvelles taxes. Sa volonté d'être un roi très chrétien l'amène à l'intolérance et à la révocation de l'édit de Nantes, ce qui provoque l'exode clandestin de nombreux protestants et désorganise en partie l'économie.

1682 **L'installation de la Cour à Versailles.** Louis XIV, qui, depuis la Fronde, se méfie de l'indocilité des foules parisiennes, fait de Versailles la capitale politique et administrative du royaume le 6 mai.

1685 **La révocation de l'édit de Nantes.** Dès 1661, les protestants ont été gênés dans l'exercice de leur culte, exclus de l'achat des offices royaux. En 1680 ont commencé les « dragonnades » en Poitou, en Béarn, en Languedoc : le logement systématique de soldats chez les protestants provoque de nombreuses conversions. Le 18 octobre 1685, l'édit de Fontainebleau interdit le culte protestant en France, bannit les pasteurs mais interdit aux ex-réformés de s'enfuir, sous peine de galères. Deux cent mille d'entre eux s'exilent pourtant. Vauban déplore ces départs qui affaiblissent le pays.

1688 **La guerre de la ligue d'Augsbourg.** L'attitude de la France dans le Palatinat, qu'elle a envahi et ravagé pour protéger l'Alsace, indigne la Hollande, l'Espagne, la Suède, les princes allemands, l'Angleterre, la Savoie et l'Autriche, qui forment la ligue d'Augsbourg. La France tient tête à l'Europe. Mais, en 1697, les adversaires épuisés par la guerre et la crise de 1693-94 signent la paix de Ryswick. La France conserve Strasbourg mais doit rendre les autres annexions faites après 1678.

1693 **1694** **La grande famine.** Deux mauvaises récoltes consécutives dues à des hivers longs et très froids et à des étés pluvieux provoquent une gigantesque crise de subsistance. On constate en deux ans plus d'un million et demi de décès supplémentaires. C'est l'époque où Charles Perrault écrit *Le Petit Poucet*.

1702 **La révolte des camisards.** Dans les Cévennes, des protestants irréconciliables, les camisards, se soulèvent contre le roi. Vingt mille hommes et huit ans de lutte sont nécessaires pour réduire 4 000 révoltés soutenus par la population et se fondant au mieux dans le relief montagnard.

La guerre de la succession d'Espagne. Le roi d'Espagne, qui meurt en novembre 1700, a choisi pour héritier le petit-fils de Louis XIV qui accède au trône sous le nom de Philippe V. L'Autriche, l'Angleterre et la Hollande s'inquiètent de voir un jour réunies la France et l'Espagne et elles déclarent la guerre le 15 mai 1702. La France accumule d'abord les échecs de 1704 à 1709. Les Anglais débarquent à Gibraltar, le roi Philippe V d'Espagne est chassé de chez lui, la Flandre française est envahie… Après une offre de paix inacceptable, les armées françaises reprennent le combat et repoussent les envahisseurs, Philippe V reconquiert le trône espagnol. Les traités d'Utrecht (1713) et de Rastatt (1714) mettent fin à la guerre. Philippe V abandonne toute prétention au trône de France. La France cède Terre-Neuve et l'Acadie aux Anglais.

1715 **La mort de Louis XIV.** Après soixante-douze ans de règne, Louis XIV meurt, impopulaire, en laissant une dette multipliée par dix.

LA FRANCE EN 1715

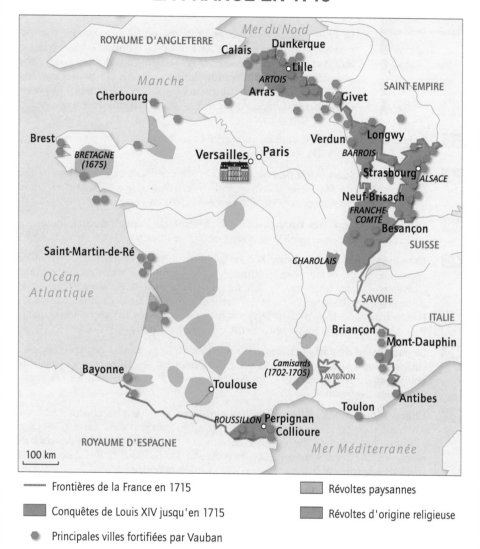

- —— Frontières de la France en 1715
- ■ Conquêtes de Louis XIV jusqu'en 1715
- ● Principales villes fortifiées par Vauban
- ■ Révoltes paysannes
- ■ Révoltes d'origine religieuse

En 1715, la construction du territoire national est pratiquement achevée :
– au sud, le rattachement du Roussillon (1659) a donné à la frontière un tracé qu'elle a encore de nos jours ;
– au nord et à l'est, on a successivement assisté à l'acquisition de l'Artois (1659), de la Flandre (1668-1678), de la Franche-Comté (1678) et de la région de Strasbourg (1681). Cela a été l'occasion d'établir une frontière stratégique : Vauban a élevé ou remanié plus de cent vingt places fortes pour créer une « une ceinture de fer ».

PRÉHISTOIRE
ANTIQUITÉ
MOYEN ÂGE
ANCIEN RÉGIME
RÉVOLUTION
XIXᵉ SIÈCLE
XXᵉ SIÈCLE
XXIᵉ SIÈCLE

Louis XV, le despotisme contesté

La France de Louis XV connaît la prospérité économique mais le pouvoir royal éprouve des difficultés. Le règne se divise en deux temps et, au milieu du siècle, Louis le Bien-Aimé devient Louis l'impopulaire. Les raisons sont multiples : coûts et échecs des guerres étrangères, création de nouveaux impôts et difficultés à imposer des réformes perçues comme des manifestations d'absolutisme.

1725   **Le mariage de Louis XV.** L'infante promise à Louis XV a 9 ans, elle est renvoyée chez elle. Il épouse la fille du roi de Pologne, 22 ans.

1738   **La guerre de Succession de Pologne.** Louis XV intervient dans la guerre de Succession polonaise. Malgré les succès français contre l'Autriche, son beau-père, Stanislas Leszczyński, renonce au trône polonais et s'établit en Lorraine.

1739   **Le rétablissement des finances.** Œuvre du cardinal Fleury, principal ministre et ancien précepteur de Louis XV, le budget de 1739 et le suivant sont excédentaires.

1745   **La vaine victoire de Fontenoy.** Lors de la guerre de Succession d'Autriche (1740) qui oppose l'Espagne et la Prusse à l'Autriche, la France finit par entrer en guerre contre l'Autriche et l'Angleterre en 1744. Elle remporte la bataille de Fontenoy (1745) qui lui ouvre les Pays-Bas autrichiens et qui confère un regain de popularité à Louis XV. Pourtant, au traité d'Aix-la-Chapelle (1748), le roi de France restitue toutes ses conquêtes. Il s'est battu « pour le roi de Prusse » qui, pour sa part, a gagné la Silésie.

1749   **Le parlement de Paris contre un nouvel impôt.** Le parlement de Paris s'oppose à l'instauration par le contrôleur général des Finances, Machault d'Arnouville, d'un nouvel impôt, le « vingtième », qui doit frapper les revenus de tous les Français, à l'exception des salaires.

1751   **L'*Encyclopédie* des philosophes des Lumières.** Sous la direction de Diderot et d'Alembert est publié le premier des 28 tomes de l'*Encyclopédie*. Les articles de ce « Dictionnaire raisonné des sciences, des arts et des métiers » font l'état des connaissances acquises et des critiques émises contre l'ordre politique et social existant. Les Lumières contribuent à la naissance d'une opinion publique.

1763   **Les pertes du traité de Paris.** Ce traité met fin à la guerre de Sept Ans (1756-1763) qui, après un déroutant renversement des alliances, oppose l'Angleterre et la Prusse à la France et l'Autriche. Les Français combattent en Europe mais négligent les Indes et le Canada, où les Anglais leur infligent de sérieux revers. En vertu du traité, la France abandonne le Canada, la Louisiane et l'Inde, à l'exception de cinq comptoirs.

1768   **L'acquisition de la Corse.** La république de Gênes cède à la France ses droits sur la Corse moyennant le versement d'une rente, dix ans durant.

1771   **La suppression des parlements.** En proie à l'opposition des parlements à toute tentative de réforme, Louis XV et le chancelier Maupeou prononcent leur dissolution et les remplacent par des conseils supérieurs composés de magistrats choisis et payés par le roi.

1774   **La mort de Louis XV.** Après un règne de cinquante-neuf ans, Louis XV meurt dans l'indifférence.

LES PHILOSOPHES DES LUMIÈRES

▪ Le refus du pouvoir arbitraire

Les penseurs des Lumières critiquent l'exercice solitaire du pouvoir. Prenant en exemple la monarchie parlementaire anglaise, Voltaire appelle à résister à l'oppression. Diderot remet en cause l'autorité absolue des rois. Montesquieu explique la nécessité de séparer les pouvoirs exécutif, législatif et judiciaire. Les idées des Lumières sont rassemblées dans une œuvre collective : l'*Encyclopédie,* dirigée par Diderot et d'Alembert.

▪ L'aspiration à la liberté et à l'égalité

Tous les écrivains des Lumières réclament le respect des libertés fondamentales : liberté individuelle, liberté de pensée et liberté d'expression. Rousseau affirme que tous les hommes naissent libres et égaux en droit. Au plan religieux, ces revendications se traduisent par des appels à la tolérance. Les penseurs des Lumières dénoncent le fanatisme et le sort fait aux juifs et aux protestants.

▪ La dénonciation de l'esclavage et de la Traite

Les philosophes des Lumières condamnent l'esclavage et la traite négrière qui a conduit à la déportation d'un peu plus de onze millions d'esclaves africains envoyés aux Antilles pour travailler dans les plantations, de canne à sucre notamment. Ils dénoncent ce commerce qui enrichit certains grands ports de la façade atlantique.

Par leurs écrits, Jaucourt dans l'*Encyclopédie*, Montesquieu et Voltaire sont les précurseurs du mouvement abolitionniste.

Par leur remise en cause du pouvoir absolu, par leurs aspirations à la liberté et à l'égalité, par leurs appels à la tolérance, les philosophes des Lumières interpellent la société dans laquelle ils vivent.

Ils vont inspirer les hommes qui vont faire la Révolution française.

Au fond, levant la main pour demander le silence, Voltaire ; de profil tout à droite, Diderot ; à gauche, en discussion avec le père Adam, tout de noir vêtu, Condorcet.

PRÉHISTOIRE

ANTIQUITÉ

MOYEN ÂGE

ANCIEN RÉGIME

RÉVOLUTION

XIXᵉ SIÈCLE

XXᵉ SIÈCLE

XXIᵉ SIÈCLE

La crise de la monarchie

Sous le règne de Louis XVI, le déficit constant du budget de l'État est aggravé par le coût du soutien à la guerre de l'Indépendance américaine. Après l'échec d'ultimes tentatives de réformes et pour résoudre la crise financière, le roi réunit les états généraux en mai 1789. Leur proclamation en Assemblée nationale en juin et la prise de la Bastille en juillet marquent le début de la Révolution.

1774

Louis XVI

L'avènement de Louis XVI. À la mort de Louis XV, c'est son petit-fils qui monte sur le trône, à l'âge de 20 ans.

1776

L'échec de la réforme de Turgot. Turgot, ministre de Louis XVI, tente de remplacer la corvée royale par un impôt payé par tous les propriétaires, privilégiés inclus. L'inégalité devant l'impôt résulte de la division de la société en trois ordres : le clergé, la noblesse et le tiers état. Le clergé (150 000 personnes) et la noblesse (400 000 personnes) ne payent pratiquement pas d'impôts et en prélèvent à leurs profits. Le tiers état (24 500 000 roturiers aux statuts très divers) paye des impôts au clergé, à la noblesse et au roi. Les oppositions conservatrices provoquent le renvoi de Turgot.

1777

La guerre d'Indépendance américaine. À partir de 1777, des volontaires français combattent aux côtés des insurgés des treize colonies anglaises d'Amérique du Nord qui ont proclamé leur indépendance le 4 juillet 1776.

1781

La réaction nobiliaire. Un édit royal réserve les grades militaires à la seule noblesse.

1786

L'échec de la réforme de Calonne. Calonne, ministre de Louis XVI, imagine une « subvention territoriale » pesant sur toute terre quel qu'en soit le propriétaire. Les ordres privilégiés refusent cette égalité.

1788

Les cahiers de doléances. Le roi convoque les états généraux qui n'ont pas été réunis depuis 1614 et demande à « connaître le souhait […] de [ses] peuples ». Chaque village, chaque corporation met par écrit ses vœux. 60 000 cahiers de doléances sont rédigés : selon leur origine, ils réclament une Constitution, la fin des privilèges seigneuriaux ou dénoncent les impôts.

Le doublement des députés du tiers état. Necker, déjà ministre en 1781, banquier de son état, est rappelé en août par Louis XVI. Il fait accorder au tiers état autant de députés que les deux autres ordres réunis.

1789

La réunion des États généraux. Le 5 mai, l'ouverture des états généraux, à Versailles, déçoit le tiers état : les réformes ne sont même pas évoquées. Le 17 juin, les députés du tiers état, constatant qu'ils représentent 98 % de la nation, se proclament Assemblée nationale. Ils affirment ainsi le principe de la souveraineté nationale.

Le serment du Jeu de paume. Le 20 juin, les députés du tiers état jurent de ne pas se séparer avant d'avoir donné une Constitution au royaume.

L'Assemblée constituante. Le 9 juillet, l'Assemblée nationale qu'ont rejointe les députés du clergé et de la noblesse, affirme devenir « constituante » : elle ne se séparera pas avant d'avoir rédigé une constitution.

La prise de la Bastille. Le 14 juillet, l'assaut est donné par le peuple de Paris à la forteresse de la Bastille.

LA PRISE DE LA BASTILLE

Il existe de multiples représentations de la prise de la Bastille. Cette gravure attire l'attention sur l'arrivée massive d'hommes en armes et sur l'arrestation du gouverneur à proximité de sa maison incendiée.

◾ Le refus du roi

Depuis la fin juin, Louis XVI concentre des régiments autour de Paris. Le 11 juillet, il renvoie Necker, très populaire depuis le doublement des voix du tiers. Dès le lendemain, dans les jardins du Palais-Royal, des orateurs, dont un jeune avocat, Camille Desmoulins, dénoncent la décision du roi et la menace d'un coup de force. Ils appellent le peuple aux armes pour éviter la « Saint-Barthélemy des patriotes ».

◾ Les Parisiens en armes

Le 14 juillet, le peuple pille l'hôtel des Invalides, s'empare de fusils et de canons et il marche sur la Bastille dans l'espoir d'y trouver des munitions. Cette forteresse sert de prison d'État depuis le XVIIᵉ siècle.

À 13 h 30, une marée humaine composée de salariés et de boutiquiers du faubourg Saint-Antoine pénètre dans la première cour de la forteresse. Les défenseurs tirent sur le peuple.

À 17 heures, le gouverneur de Launay capitule. Il est bientôt massacré et sa tête promenée au bout d'une pique.

◾ La cocarde tricolore

Le 16 juillet, Louis XVI rappelle Necker. Le 17, le roi se rend à Paris. À l'Hôtel de Ville, il reçoit des mains de Bailly, député du tiers état choisi comme maire de Paris insurgé, la cocarde tricolore. Elle unit au blanc de la monarchie le bleu et le rouge de la ville de Paris. L'ayant accrochée à son chapeau, Louis XVI est salué aux cris de : « Vive le Roi ! Vive la Nation ! »

> La prise de la Bastille, symbole de la monarchie absolue, c'est la remise en cause, par le peuple, de l'arbitraire royal. Mais cette simple émeute parisienne marque aussi l'entrée des foules urbaines dans le jeu politique et dans le développement d'une révolution commencée de façon pacifique et sur un plan juridique.

PRÉHISTOIRE

ANTIQUITÉ

MOYEN ÂGE

ANCIEN RÉGIME

RÉVOLUTION

XIXᵉ SIÈCLE

XXᵉ SIÈCLE

XXIᵉ SIÈCLE

Les débuts de la Révolution

Entre 1789 et 1792, l'équilibre instable instauré entre monarchie et Révolution, par l'abolition de l'ancien régime social en août 1789 et illustré par la fête de la Fédération en juillet 1790, se brise avec la fuite du roi en juin 1791. La guerre extérieure devient, en 1792, un accélérateur de la Révolution. Les positions se radicalisent et mènent à la chute du roi et à la fin de la monarchie.

1789 **L'abolition des privilèges.** Dans les campagnes, la nouvelle déformée des événements parisiens provoque la « Grande Peur » : on raconte que des brigands à la solde des nobles vont dévaster les moissons. Des paysans attaquent les châteaux et brûlent les titres seigneuriaux. Pour arrêter ces désordres, dans la nuit du 4 août, l'Assemblée vote, dans un moment d'enthousiasme partagé, l'abolition des privilèges.

La Déclaration des droits de l'homme et du citoyen. Le 26 août, l'Assemblée adopte une déclaration qui proclame les principes de la Révolution : égalité et liberté des hommes, souveraineté de la nation.

La marche sur Versailles. Les 5 et 6 octobre, la foule ramène le roi et sa famille de Versailles à Paris et les oblige à vivre aux Tuileries.

1790 **La constitution civile du clergé.** Le 12 juillet, un décret précise que les évêques et les curés devront jurer fidélité à la nation et à la loi.

La fête de la Fédération. Le 14 juillet, devant une foule immense, Louis XVI jure sur « l'autel de la nation » qu'il respectera la Constitution.

La fuite du roi. Le 20 juin, déguisé en bourgeois, Louis XVI s'enfuit. Le 21, il est arrêté à Varennes et reconduit sous bonne garde à Paris, où l'Assemblée vote sa « suspension » et le prive de tout pouvoir.

La fusillade du Champ-de-Mars. Le 17 juillet, l'Assemblée fait tirer la garde nationale débordée sur une foule venue réclamer la chute du roi : 50 morts. Cette journée rompt l'unité des patriotes qui se divisent en modérés et en « jacobins » qui veulent poursuivre le cours de la Révolution.

L'adoption de la Constitution. Le 3 septembre, la Constitution est adoptée et le roi, qui vient d'être rétabli dans ses fonctions par l'Assemblée, jure qu'il la respectera. Le 30, l'Assemblée constituante devient législative.

1792 **La patrie en danger.** Sur proposition du roi, dont les motivations restent ambiguës, la France déclare la guerre à l'Autriche le 20 avril. En juillet, devant l'avance rapide de l'ennemi, l'Assemblée décrète la « patrie en danger ». Le 26, dans un ultimatum, la Prusse et l'Autriche menacent de raser Paris s'il est fait violence au roi.

L'assaut des Tuileries. Le 10 août, dans un sursaut patriotique, d'ardents révolutionnaires parisiens, les sans-culottes, et des fédérés venus des départements prennent les Tuileries. Le roi se réfugie auprès de l'Assemblée, qui le dépose et décide de l'élection au suffrage universel masculin d'une nouvelle assemblée : la Convention nationale.

Les massacres de septembre. Du 2 au 5 septembre, dans un Paris gagné par la peur, à l'appel de Marat, le peuple massacre dans les prisons de 1 200 à 1 400 captifs, des « ennemis de l'intérieur », nobles et parents d'émigrés.

La victoire de Valmy. Le 20 septembre, vers les frontières de l'Est, les troupes de la Révolution s'imposent face aux Prussiens.

VALMY

Aux abords du moulin de Valmy, de jeunes guerriers volontaires commandés par le général Kellermann, repoussent l'armée prussienne.

■ Une audacieuse tactique face aux Prussiens

L'armée prussienne de Brunswick a remporté des victoires à Verdun et à Longwy. Le 19 septembre, les généraux français Dumouriez et Kellermann décident d'arrêter Brunswick et ils prennent position sur les hauteurs du moulin de Valmy. Audacieusement, le front est « renversé » : Dumouriez ouvre aux Prussiens la route de Paris mais leur coupe la route de la retraite.

■ Une simple canonnade

L'armée française dispose de 30 000 hommes dont de nombreux volontaires et 36 pièces d'artillerie. Les troupes prussiennes comptent 60 000 hommes et 54 bouches à feu. Le 20 septembre, sous une pluie diluvienne, la bataille se résume en une longue canonnade : plus de 30 000 boulets sont tirés. La résistance des Français, galvanisés par Kellermann qui brandit son chapeau au bout de son sabre en leur faisant crier « Vive la nation ! », étonne les Prussiens qui opèrent un repli.

■ Une immense victoire psychologique

La bataille fait peu de victimes : 300 Français et 184 Prussiens, par ailleurs décimés par la dysenterie. Mais les troupes françaises montrent alors une détermination à laquelle l'ennemi ne s'attend pas. Valmy devient immédiatement le symbole de la victoire héroïque du peuple en armes groupé derrière l'étendard de la liberté. Elle est une victoire politique et surtout psychologique immense, la première de la République.

À Valmy, face à la puissante armée prussienne, la Révolution est sauvée par la fougue des bataillons de jeunes volontaires. Simple canonnade pour certains, Valmy est la première victoire des armées de la France révolutionnaire. En incarnant l'image de la démocratie en armes, Valmy constitue un des premiers mythes républicains.

Les symboles de la République. La victoire de Valmy s'accompagne, le lendemain, de la proclamation de la République.

PRÉHISTOIRE

ANTIQUITÉ

MOYEN ÂGE

ANCIEN RÉGIME

RÉVOLUTION

XIXᵉ SIÈCLE

XXᵉ SIÈCLE

XXIᵉ SIÈCLE

La Révolution et la Terreur

La République fondée, la Convention nationale voit s'affronter, en 1793 et 1794, girondins modérés et montagnards plus radicaux. Le contexte est lourd : invasions étrangères et contre-révolution en Vendée. La Convention organise un gouvernement révolutionnaire auquel participe Robespierre et qui met « la Terreur à l'ordre du jour ». Ce dernier veut éliminer ses derniers opposants et il provoque sa chute.

1792

La proclamation de la République. Réunie pour la première fois le 21 septembre, la Convention abolit la royauté à l'unanimité, proclame la République. Le 22 septembre, elle décide de dater les actes publics de l'an I de la République.

1793

Le procès du roi (15-19 janvier). La découverte, dans l'armoire de fer, de la correspondance de Louis XVI avec les ennemis de la Révolution provoque son procès. La mort est votée par 387 voix contre 334. Louis Capet est guillotiné le 21 janvier.

La levée en masse. L'Angleterre, la Hollande et l'Espagne rejoignent la Prusse et l'Autriche dans la guerre contre la France régicide. Le 24 février, la Convention décrète la levée en masse de 300 000 hommes de 18 à 40 ans pour les armées. La mesure provoque des émeutes au sud de la Loire où le manque de troupes républicaines permet à la Vendée de devenir l'exemple de la contre-révolution intérieure.

La création du Comité de salut public. Le 6 avril, le pouvoir exécutif passe entre les mains du Comité de salut public, alors présidé par Danton.

L'arrestation des girondins. Du 31 mai au 2 juin, usant de la force, les sans-culottes parisiens donnent la direction de la Convention aux montagnards et obtiennent l'arrestation des girondins.

La Terreur. À cause de difficultés économiques, de revers militaires et sous la pression des sans-culottes, la Convention fixe par une loi le maximum des prix et des salaires et annonce, le 5 septembre, que « la Terreur est mise à l'ordre du jour ». Une loi des suspects facilite les poursuites. La reine est décapitée le 10 septembre et 21 girondins, le 31. Le 5 octobre, le calendrier révolutionnaire remplace le calendrier romain. Le 10 octobre, la Convention institue le « gouvernement révolutionnaire ».

1794

L'exécution des extrémistes hébertistes. Les hébertistes veulent accentuer la Terreur. Le Comité de salut public fait arrêter Hébert, meneur des ultra-révolutionnaires et les « enragés ». Ils sont guillotinés le 24 mars.

L'exécution des indulgents. C'est au tour des « indulgents », qui estiment que la Terreur doit prendre fin, d'être poursuivis. Danton, Camille Desmoulins et leurs amis sont arrêtés et guillotinés le 5 avril 1794.

La Grande Terreur. Les montagnards robespierristes contrôlent le gouvernement révolutionnaire. Une Grande Terreur est instituée en juin 1794 contre les coupables d'accaparement. Elle survient alors que les succès des armées républicaines rendent la violence moins indispensable.

La chute de Robespierre et la fin de la Terreur. Durant l'été 1794, des rumeurs accusent Robespierre de vouloir détourner la Révolution à son profit. Le 27 juillet (9 thermidor), des députés forment un front du refus. Mis en minorité, Robespierre est arrêté le lendemain et aussitôt guillotiné.

ROBESPIERRE

Robespierre au club des Jacobins. Robespierre ne coiffera jamais le bonnet phrygien et gardera toujours une apparence bourgeoise : cheveux poudrés, jabot, redingote et culotte.

■■ Les jeunes années

Maximilien de Robespierre naît à Arras le 6 mai 1758, dans une famille de la petite bourgeoisie. Orphelin à 6 ans, c'est un brillant élève de Louis-le-Grand à Paris. En 1782, il s'installe avocat dans sa ville natale et y obtient une première notoriété. Il se prononce ouvertement dans ses plaidoiries contre l'absolutisme royal. En 1789, il est élu député du tiers état, il n'a pas 31 ans.

■■ Les dernières journées

Le 8 thermidor (26 juillet 1794), à la Convention, Robespierre exige une épuration et l'élimination des « derniers fripons ». Chacun se sent menacé par son violent discours qui ne cite aucun nom.
Le 9 thermidor, la voix de Robespierre est couverte par les cris. La Convention vote son arrestation.
Le lendemain, Robespierre, Saint-Just et leurs amis sont guillotinés. Les Parisiens applaudissent.

■■ Robespierre, mythe et réalités

Vivant frugalement, Robespierre a été surnommé « l'Incorruptible ». Membre du club des Jacobins, il devient l'un des grands orateurs de la Constituante. Entré au Comité de salut public en juillet 1793, contrairement à une légende tenace, il n'a aucun pouvoir particulier au sein du comité même s'il en demeure un inspirateur essentiel.
Quant à la Terreur, s'il peut apparaître comme l'un de ses théoriciens avec ses discours sur Terreur et Vertu, il n'a jamais disposé d'un pouvoir absolu.

Figure majeure et même centrale de la Révolution française, le personnage de Maximilien Robespierre divise parce que son nom reste attaché à la Terreur.
S'il a couvert de son autorité ou de son silence des violences extrêmes, il ne peut être assimilé à un dictateur paranoïaque du fait de son souci de demeurer le porte-parole du peuple des sans-culottes.

PRÉHISTOIRE

ANTIQUITÉ

MOYEN ÂGE

ANCIEN RÉGIME

RÉVOLUTION

XIXᵉ SIÈCLE

XXᵉ SIÈCLE

XXIᵉ SIÈCLE

Le Directoire

Le nouveau régime politique mis en place après la chute de Robespierre, le Directoire, doit faire face à une double opposition jacobine et royaliste. Il fait appel à l'armée qui prend ainsi de l'importance dans la vie politique. Bonaparte, un jeune général très populaire, depuis ses succès en Italie, s'empare du pouvoir par le coup d'État du 18 brumaire. C'est la fin de la Révolution.

1795

Une révolte des sans-culottes. Le 20 mai, la troupe désarme les sans-culottes en révolte contre la hausse des prix.

Un débarquement royaliste à Quiberon. Réalisé en juin avec l'aide des Anglais, un débarquement de royalistes émigrés est anéanti le 20 juillet.

Une émeute royaliste à Paris. Le 5 octobre (13 vendémiaire), les royalistes tentent un coup de force à Paris. Le décret des deux tiers leur a enlevé l'espoir d'être députés : deux tiers des membres de la nouvelle assemblée seront obligatoirement des conventionnels. Le jeune général Bonaparte écrase l'insurrection.

La mise en place du Directoire. Le 26 octobre, la Convention fait place au Directoire. Le pouvoir exécutif revient à cinq directeurs : Carnot, Barras, La Révellière-Lépeaux, Reubell et Letourneur.

1796

L'arrestation des babouvistes à Paris. Le 10 mai, Gracchus Babeuf, chef des Égaux, est arrêté. Jacobin ultra, il réclame la propriété collective du sol. Il est guillotiné avec d'autres babouvistes en mai 1797.

1797

Le coup d'État contre les royalistes et le second Directoire. Le 4 septembre, trois directeurs annulent l'élection des députés royalistes et destituent deux directeurs trop favorables à ces idées.

Le traité de Campoformio. Après les brillantes victoires de Bonaparte à Castiglione, Arcole, Rivoli et Mantoue, la France signe la paix avec l'Autriche le 18 octobre et annexe la Belgique et la rive gauche du Rhin. Ces succès contribuent à légitimer le régime et assurent des rentrées d'argent.

1798

Le coup d'État contre les néojacobins. Le 11 mai, les directeurs annulent l'élection des derniers représentants jacobins jugés trop « à gauche ».

L'expédition d'Égypte. Le 19 mai, Bonaparte s'embarque pour l'Égypte. Il s'agit de couper la route des Indes à l'Angleterre. Vainqueur aux pyramides, Bonaparte ne peut empêcher la destruction de la flotte française à Aboukir.

L'organisation de la conscription. Le 5 septembre, la loi Jourdan instaure le service militaire obligatoire avec tirage au sort des conscrits.

1799

Le coup d'État de Sieyès et le troisième Directoire. Le 18 juin, s'appuyant sur certains députés et sur l'armée, le directeur Sieyès oblige, par un coup d'État, trois de ses collègues à démissionner.

Le coup d'État des 18 et 19 brumaire (9-10 novembre). Sous la pression des troupes de Paris, commandées par Bonaparte, rentré un mois plus tôt d'Égypte, le Directoire est aboli. Les directeurs sont remplacés par trois consuls dotés des pleins pouvoirs : Sieyès, Ducos et Bonaparte. Les trois consuls promettent de respecter les principes de 1789 et de rétablir la paix. La Révolution est finie.

LES ACQUIS DE LA RÉVOLUTION

Le paysan après l'abolition des privilèges, fin 1789.

L'Unité de la nation

La Révolution contribue à uniformiser la nation. Quatre-vingt-trois départements remplacent l'enchevêtrement inextricable des innombrables subdivisions territoriales de la France des rois.

La suppression des douanes intérieures fait du territoire national un marché unifié permettant la multiplication des échanges.

L'instauration d'un système métrique remplace l'infinie diversité des poids et mesures jusque-là utilisés dans les provinces.

L'unité des poids et mesures : le litre, le kilogramme et le mètre. Institué en 1795 pour remplacer les huit cents mesures existant alors en France, le système métrique met plusieurs décennies à s'imposer.

La fin des privilèges

La Déclaration des droits de l'homme et du citoyen adoptée le 26 août 1789 détruit les bases de la société de l'Ancien Régime. Elle abolit les privilèges et proclame l'égalité des droits entre tous les hommes. Elle garantit le libre accès de tous à tous les emplois. Elle met aussi en place les libertés individuelles et la tolérance envers toutes les opinions même religieuses.

La souveraineté du citoyen

Avant 1789, le pouvoir politique appartient au roi seul. Avec la Révolution, la politique devient, en principe, la chose de tous : l'homme n'est plus un sujet, il est citoyen. Et les citoyens réunis constituent la nation. Ils délèguent pour un temps leur pouvoir à des représentants élus. Il n'existe pas de pouvoir supérieur à celui de la nation. En proclamant la souveraineté de la nation, la Révolution fait naître un courant libéral qui conduit au suffrage universel et à la démocratie.

La France de la Révolution jette les fondements de la France contemporaine tant dans son organisation administrative que dans les valeurs qu'elle défend. L'universalité des principes alors proclamés nourrit le prestige de la France et lui confère l'image de la patrie des droits de l'homme et de la liberté.

PRÉHISTOIRE

ANTIQUITÉ

MOYEN ÂGE

ANCIEN RÉGIME

RÉVOLUTION

XIXᵉ SIÈCLE

XXᵉ SIÈCLE

XXIᵉ SIÈCLE

Le Consulat

Premier consul, consul à vie, empereur : c'est par étapes que Bonaparte parvient au pouvoir absolu et héréditaire. En réorganisant l'administration, la justice et les finances, il crée un État moderne et centralisé. En négociant le Concordat, il fait la paix avec l'Église. En faisant rédiger le Code civil, il consolide la société bourgeoise.

1800

BONAPARTE
Iᵉʳ CONSUL

La Constitution de l'an VIII (25 janvier). Préparée à la suite du coup d'État, ratifiée par plébiscite, elle concentre la réalité du pouvoir entre les mains de Bonaparte, nommé Premier consul. L'une des premières tâches du Consulat est de centraliser l'administration (préfets), la justice et les finances, et de donner au pays une Banque centrale : la Banque de France (13 février).

1801

Le traité de Lunéville (9 février). Les victoires de Bonaparte à Marengo et de Moreau en Allemagne forcent l'Autriche à signer un traité par lequel elle reconnaît à la France la rive gauche du Rhin.

Le Concordat (15 juillet). Pour détacher les catholiques de la cause royale, Bonaparte négocie le Concordat avec le pape Pie VII. Le gouvernement nomme les évêques, verse un traitement au clergé et reçoit son serment de fidélité. Le culte catholique n'est plus « religion d'État » mais demeure la « religion de la majorité des Français ».

1802

La paix d'Amiens (25 mars). Après dix ans de guerre, l'Angleterre, menacée par une crise, signe la paix avec la France.

L'esclavage (20 mai). Il est rétabli en Martinique et dans les colonies de l'océan Indien.

La Constitution de l'an X (4 août). La paix retrouvée permet à Bonaparte d'achever l'établissement de son pouvoir personnel par le Consulat à vie.

1803

Le franc germinal (28 mars). La confiance retrouvée permet d'établir (loi du 7 germinal an XI) une nouvelle monnaie : le franc germinal (de 5 g d'argent). Il restera stable jusqu'en 1914 !

1804

Le Code civil (promulgué le 21 mars). Il respecte les principes de 1789, proclame les libertés d'entreprise et de concurrence, chères à la bourgeoisie. Celle-ci devient le support du régime, qui garantit également les paysans contre le retour du système seigneurial.

NAPOLÉON Iᵉʳ
EMPEREUR

La Constitution de l'an XII établit l'Empire (18 mai). La reprise de la guerre par l'Angleterre et l'échec d'un nouveau complot royaliste permettent à Bonaparte de renforcer encore son pouvoir. Il devient par plébiscite Napoléon Iᵉʳ, empereur des Français ; la dignité impériale est proclamée héréditaire.

Le sacre (2 décembre). Napoléon Iᵉʳ décide le pape Pie VII à venir le couronner à Notre-Dame de Paris. En fait, il se couronne lui-même, geste non d'indépendance ou d'improvisation personnelle mais prévu par le protocole. Puis l'empereur couronne lui-même Joséphine, qu'il a épousée religieusement, à la hâte, dans la nuit du 1ᵉʳ au 2 décembre.

UNE NOUVELLE ORGANISATION DU PAYS

■ La société bourgeoise nouvelle est stabilisée

Le Code civil confirme l'abolition des privilèges, consacre le droit de propriété, renforce l'autorité du père au sein de la famille, celle du patron sur l'ouvrier. Il fait de la femme mariée une éternelle mineure. En cas de conflit, le patron est cru sur sa simple affirmation. Soumis à l'obligation du livret – qui subsistera jusqu'en 1890 –, sans droit d'association ni de grève, les ouvriers sont traités en suspects par le Code pénal. Le cadastre – dressé pour répartir la contribution foncière – confirme la cession des biens nationaux au profit de la paysannerie aisée, de la grande et moyenne bourgeoisie ainsi que d'hommes d'affaires avisés.

Le code civil se compose de 36 lois réunies le 30 ventôse an XII (21 mars 1804). Il mêle lois et coutumes d'Ancien Régime, lois révolutionnaires et lois nouvelles.

■ L'héritage révolutionnaire est en partie conservé

Pour former une élite docile et efficace capable de diriger la France, Bonaparte remplace les écoles centrales par les lycées (1802). L'Empereur fonde l'université impériale (1806) et lui reconnaît le monopole de l'enseignement. Contrôlés et payés par l'État, ses professeurs doivent former les militaires et les hauts fonctionnaires.

Le concordat de 1801 – qui ne disparaîtra qu'en 1905, excepté en Alsace où il demeure en vigueur – met le clergé sous le contrôle du gouvernement, redonne un statut officiel à l'Église mais ne refait pas du catholicisme une religion d'État.

■ L'unité du territoire et de la nation est consolidée

Tandis que la création de la Légion d'honneur, en 1802, a pour but de récompenser les meilleurs serviteurs de l'État, pour diriger et gérer la France, Bonaparte fait confiance à une administration hiérarchisée. Celle-ci est composée de fonctionnaires nommés, payés et contrôlés par le pouvoir central. À la tête du département, le préfet ne dépend que du gouvernement. Au-dessous du préfet, ce sont les échelons d'une administration hiérarchisée où tout est rattaché à Paris. Cette structure centralisée perdure jusqu'à la loi de mars 1982.

Les grands ensembles de lois du Consulat et de l'Empire vont entériner, pour longtemps, les changements essentiels hérités des dix années révolutionnaires.

Un sous-préfet en costume : institués le 28 pluviôse an VIII (17 février 1800), les préfets sont nommés par Bonaparte et ne dépendent que de lui. Ce sont les principaux agents de la centralisation.

PRÉHISTOIRE

ANTIQUITÉ

MOYEN ÂGE

ANCIEN RÉGIME

RÉVOLUTION

XIXᵉ SIÈCLE

XXᵉ SIÈCLE

XXIᵉ SIÈCLE

L'Empire

De 1805 à 1807, Napoléon Iᵉʳ vainc l'Autriche, la Prusse et la Russie. Mais, pour imposer le blocus économique de l'Angleterre, il tombe dans le « guêpier espagnol » et doit asservir toute l'Europe. Celle-ci se coalise contre lui et, après la retraite de Russie, l'exile à l'île d'Elbe. L'Empereur s'en échappe et, pour cent jours, reprend le pouvoir… jusqu'à la défaite de Waterloo et l'exil définitif.

1805

NAPOLÉON Iᵉʳ

Trafalgar (21 octobre). L'amiral Nelson détruit la flotte française à Trafalgar. Sa victoire assure à l'Angleterre la maîtrise des mers.

Austerlitz (2 décembre). Le jour anniversaire de son sacre, Napoléon écrase les armées austro-russes en les attirant sur des étangs gelés. 27 000 morts : le bilan est lourd pour l'armée austro-russe ! L'Autriche signe la paix ; elle est chassée d'Italie.

1806 14 octobre. À Iéna, Napoléon défait l'armée prussienne de Frédéric-Guillaume III.

1807 **Tilsit** (7 juillet). Napoléon, au sommet de sa puissance, se réconcilie avec le tsar Alexandre Iᵉʳ. Auparavant, les Russes ont été vaincus à Eylau et à Friedland. La Prusse perd la Westphalie, érigée en royaume au profit de Jérôme Bonaparte.

1808 **Le Blocus continental.** Pour étouffer le commerce anglais, Napoléon a décrété le Blocus continental (21 novembre 1806). Tout commerce avec les îles Britanniques est interdit. Pour rendre ce blocus efficace, il est conduit à imposer son autorité à toute l'Europe. En juin 1808, il engage l'expédition d'Espagne qui use les forces de l'Empire.

1809 **La victoire de Wagram** (5 juillet). L'Autriche reprend les armes. Vaincue à Wagram, elle cède les Provinces Illyriennes sur la côte adriatique. Marie-Louise, 19 ans, fille de François Iᵉʳ, l'empereur d'Autriche, épouse Napoléon Iᵉʳ le 2 avril 1810.

1811 **Le Grand Empire.** Il atteint son extension maximale en Europe. Napoléon a placé des membres de sa famille à la tête de plusieurs États.

Mais une crise économique menace. L'Europe asservie se réveille. La Prusse prend la tête du mouvement national allemand et reconstitue son armée.

1812 **La campagne de Russie.** L'alliance de Tilsit est rompue. Napoléon envahit la Russie à la tête d'une « armée des 20 nations » de 700 000 hommes. Bien que maître de Moscou, il ordonne la retraite car Alexandre n'a pas demandé la paix. Le froid, la faim, les harcèlements des cosaques déciment la Grande Armée : plus de 300 000 tués, blessés ou prisonniers restent en Russie !

1814

LOUIS XVIII

L'Europe entière se coalise contre l'Empereur. Vaincu à Leipzig, il doit évacuer l'Allemagne. Le 6 avril, Napoléon, qui n'a pas pu empêcher l'invasion de la France, abdique. Les rois coalisés lui attribuent l'île d'Elbe. Louis XVIII, frère de Louis XVI, devient roi de France.

1815 **Les Cent-Jours** (20 mars-22 juin). S'échappant de l'île d'Elbe, Napoléon rentre en France et réussit à reprendre le pouvoir. Le roi Louis XVIII s'enfuit à Gand.

Waterloo (18 juin). Vaincu à Waterloo, Napoléon abdique le 22 juin et se rend aux Anglais, qui l'exilent à Sainte-Hélène, où il meurt le 5 mai 1821.

NAPOLÉON BONAPARTE

Napoléon Ier sur le trône impérial, en costume de sacre, peint par Ingres en 1806

◼️ Le coup d'État du 18 brumaire

Mais en octobre 1795 (13 vendémiaire), appelé pour seconder le directeur Barras, Bonaparte sauve la Convention d'une insurrection royaliste. Il épouse Joséphine de Beauharnais (dont il divorcera en 1809 : elle ne lui a pas donné d'héritier). Bonaparte reçoit le commandement de l'armée d'Italie, où il montre son génie militaire et, grâce à une habile propagande, en revient en héros. Envoyé en Égypte pour contrer l'Angleterre, devant la situation difficile du Directoire, il rentre en hâte à Paris. Assuré de la fidélité de l'armée, fort de son prestige, il réalise le coup d'État du 18 brumaire. Pour la bourgeoisie et la paysannerie aisée, il est le sauveur capable de consolider les conquêtes de la Révolution.

◼️ Le despote guerrier

Napoléon Ier instaure un régime de plus en plus personnel et autoritaire. Le pays est mis sous tutelle. Napoléon Ier exerce une véritable dictature rendue possible par son intelligence, sa mémoire et sa puissance de travail. Mais il échoue dans son projet de domination de l'Europe. Fondé sur l'armée et les victoires, son pouvoir personnel s'effondre avec la défaite. Vaincu en 1814, puis après l'éphémère retour des « Cent-Jours », de nouveau vaincu à Waterloo, en 1815, l'Empereur est abandonné par la bourgeoisie et par le peuple, qui aspirent à la paix. Exilé à Sainte-Hélène, Napoléon Ier y meurt le 5 mai 1821.

◼️ Le général jacobin né de la Révolution

Né le 15 août 1769 à Ajaccio, élève boursier au collège royal de Brienne, il entre à l'école militaire de Paris et en sort en 1786 sous-lieutenant d'artillerie. Acquis aux idées de la Révolution de 1789, il se distingue au siège de Toulon, est général de brigade en 1793. Ami du frère de Robespierre, la chute de ce dernier risque de lui être fatale : il est arrêté.

> La réputation guerrière et dictatoriale de « l'ogre de Corse », la grandeur et l'unité d'un État centralisé et fort qu'il a su créer font de Napoléon une des principales figures de l'histoire de France.

La Restauration

Le roi Louis XVIII, frère de Louis XVI, octroie une Charte•qui accorde le suffrage universel, garantit le droit de propriété et maintient les principes de 1789 de liberté et d'égalité. Cependant, profitant de l'arrivée au pouvoir de son successeur et frère Charles X, les royalistes « ultras » croient le moment venu d'une restauration de l'Ancien Régime. Leurs tentatives provoquent la révolution parisienne de juillet 1830.

1815

LOUIS XVIII

La Charte. Louis XVIII rentre à Paris (8 juillet). La « charte octroyée à ses sujets » (1814) reconnaît les principes de liberté, d'égalité et de propriété (y compris pour les biens nationaux) et instaure le suffrage censitaire.

La Terreur blanche. Bourgeois protestants, républicains et bonapartistes, à Avignon, Nîmes et Toulouse, sont victimes des représailles catholiques et royalistes.

Le traité de Paris (20 novembre). Il impose à la France une lourde indemnité de guerre : une occupation militaire. La France est ramenée à ses frontières de 1790 (perte de la Savoie).

1818

10 mars. La loi Gouvion-Saint-Cyr conserve la conscription des hommes de 20 ans, reconnus aptes, pour un service militaire de sept ans, mais permet à celui qui a tiré « le mauvais numéro » de se payer un remplaçant s'il le peut.

1820

La politique réactionnaire. Le duc de Berry, neveu de Louis XVIII, est assassiné le 13 février. En réaction sont votées des mesures réclamées par les ultraroyalistes : censure des journaux et loi du double vote, qui permet aux plus riches de voter deux fois.

1824

L'avènement de Charles X. 16 septembre, mort de Louis XVIII. Son frère, Charles X, lui succède.

1825

CHARLES X

Le « milliard des émigrés ». La loi du 27 avril prévoit de verser aux anciens propriétaires de biens nationaux 630 millions de francs de rente, ce qui scandalise l'opposition bourgeoise libérale.

29 mai. Renouant avec la tradition monarchique, Charles X se fait sacrer à Reims, manifestant ainsi l'alliance « du Trône et de l'Autel ».

1830

16 mai. La Chambre des députés est dissoute par le roi, qui répond ainsi à une velléité d'indépendance. En juillet, alors que commence la conquête de l'Algérie, de nouvelles élections ont lieu qui renforcent l'opposition libérale.

Les ordonnances (25 juillet). Charles X et son ministre le prince de Polignac tentent un coup de force. Le roi signe quatre ordonnances par lesquelles il interdit la liberté de la presse, dissout la Chambre, modifie la loi électorale en élevant le cens et ajourne jusqu'en septembre l'élection de la nouvelle assemblée.

Les Trois Glorieuses (27, 28, 29 juillet). En trois jours d'émeutes, bourgeois, ouvriers et compagnons parisiens obligent Charles X à abdiquer et à s'exiler. Proposée par Thiers, avocat, journaliste et historien, favorable à une monarchie à l'anglaise, la candidature du duc d'Orléans, cousin du roi, est retenue. Louis-Philippe Iᵉʳ devient « roi des Français ». Hommes du peuple et bourgeois libéraux ont combattu côte à côte... Mais ces derniers ont escamoté la Révolution à leur profit.

LA CONQUÊTE DE L'ALGÉRIE

La « régence d'Alger »

Jusqu'en 1830, Alger fait partie de l'Empire turc. Le dey – élu par l'aristocratie locale – dirige Alger et sa banlieue. Le reste du territoire est divisé entre trois beylicats : Oran, Médéa, Constantine. La population est formée d'éléments très divers : fellahs de la montagne, tribus semi-nomades, bourgeois maures des villes, minorité juive qui assure le commerce des grains par l'intermédiaire des colonies juives de Marseille.

Les incidents diplomatiques

La France doit une fourniture de blé restée impayée depuis le Directoire. Le 29 avril 1827, au cours d'une discussion concernant cette dette, le dey Hussein s'emporte et frappe le consul Deval de trois coups de chasse-mouches. La France exige réparation mais se limite à un blocus inefficace. En août 1829, nouvel affront : la frégate *La Provence* essuie le feu des batteries d'Alger ; le ministère Polignac est en butte à une telle impopularité dans le pays que l'affaire d'Alger s'offre à lui pour redorer son blason. Le commandement de l'expédition est confié au très impopulaire Louis de Bourmont, ministre de la Guerre, ancien émigré.

La prise d'Alger

Le 25 mai 1830, 37 000 hommes portés par 675 navires, dont 103 vaisseaux de guerre, partent de Toulon. Le corps expéditionnaire débarque le 14 juin à Sidi-Ferruch, à 27 km à l'ouest d'Alger. Le 19, le camp de Staouëli est emporté. Le 4 juillet, le fort Empereur, qui défend Alger vers le sud-est, est bombardé. Le 5, le dey Hussein capitule et part en exil à Naples. Dès le 23 juillet, les représentants des tribus algériennes refusent de faire leur soumission. La conquête de l'Algérie ne fait que commencer.

L'expédition d'Alger, dont les conséquences sur la politique méditerranéenne et africaine de la France allaient être importantes, a un double but : faire oublier la politique réactionnaire du régime par une intervention prestigieuse à l'étranger ; et trouver des débouchés pour le commerce de Marseille, alors en pleine décadence. Le premier but est manqué, le second, réussi.

Dans cette aquarelle de Théodore Leblanc, 1830, Investiture du bey du Titteri par Clauzel, *le comte Bertrand Clauzel, gouverneur général de l'Algérie, donne l'investiture au bey du Titteri (capitale, Médéa), Mustapha-bou-Mezrag. Celui-ci reconnaît le roi de France comme son souverain et s'engage à lui payer les tributs coutumiers.*

PRÉHISTOIRE

ANTIQUITÉ

MOYEN ÂGE

ANCIEN RÉGIME

RÉVOLUTION

XIXᵉ SIÈCLE

XXᵉ SIÈCLE

XXIᵉ SIÈCLE

La monarchie de Juillet

Louis-Philippe adopte une Charte proche de celle de 1814, qui élargit le corps électoral mais maintient le peuple à l'écart du pouvoir. Malgré divers soulèvements sociaux, le « roi bourgeois » se maintient grâce à la prospérité qui profite à la bourgeoisie libérale. Mais une crise économique renforce les oppositions ; une nouvelle révolution parisienne oblige Louis-Philippe à abdiquer.

1831

LOUIS-PHILIPPE

L'élargissement du cens (18 avril). La loi modifie légèrement la Charte de 1814 : il faut payer 200 francs d'impôt direct (au lieu de 300) pour être électeur, 500 francs (au lieu de 1 000) pour être élu. Le nombre d'électeurs passe de 95 000 à 170 000.

La révolte des Canuts (22 novembre-5 décembre). 40 000 ouvriers de la soie s'emparent des quartiers ouvriers de Lyon. Leur devise : « Vivre en travaillant ou mourir en combattant », inquiète. Le maréchal Soult s'empare de la ville, désarme les insurgés, établit une garnison de 11 000 hommes.

1832

La crise économique. Née en 1827, elle se prolonge avec son cortège de misère et de chômage. La dernière épidémie de choléra se répand dans les villes industrielles (Lille, Rouen…) ; à Paris, elle fait plus de 18 000 morts.

1835

La censure (28 juillet). L'attentat de Fieschi (18 morts, 22 blessés) contre le roi échoue ; il sert de prétexte au vote des lois contre la presse républicaine. Dans l'immédiat, elles font disparaître quelque 30 journaux.

1840

L'œuvre de Guizot. Le ministère Soult – dirigé en fait par Guizot, auteur, en 1833, d'une loi sur l'enseignement primaire – est constitué après une période d'instabilité : quinze ministères en dix ans ! Guizot est servi par le retour à la prospérité. L'expansion économique profite aux propriétaires, aux industriels et aux banquiers. Mais en politique, il pratique l'immobilisme en rejetant tout projet d'un abaissement du cens électoral.

1842

La loi sur les chemins de fer (17 juin). Elle laisse à l'État les infrastructures (ballast, emplacement des rails) et l'expropriation des terrains, aux compagnies privées, l'exploitation des lignes (matériel et personnel).

1846

Août. Les électeurs censitaires (240 000 sur 34 millions d'habitants) donnent à Guizot une majorité cohérente reposant sur 291 des 459 élus.

1847

La nouvelle crise économique. Mauvaises récoltes, mévente des produits industriels provoquent faillites et chômage. Paysans, ouvriers et bourgeois sont mécontents. L'opposition s'enhardit, brave la censure en organisant une campagne des banquets où les participants demandent des réformes.

1848

La Campagne des banquets. À Paris, un gigantesque banquet de protestation prévu contre le régime est interdit. Le 22 février, la foule manifeste. Le 23, le roi renvoie Guizot. Mais, boulevard des Capucines, la troupe tire sur les manifestants (52 morts). Paris se couvre de barricades. Le 24, Louis-Philippe abdique ; le 25, la République est officiellement proclamée.

LA RÉPUBLIQUE PROCLAMÉE

La République tricolore et démocratique

Le 24 février, un gouvernement provisoire de onze membres est formé par acclamations. Il comprend des républicains modérés (Lamartine, Ledru-Rollin…) et des candidats plus radicaux, tels le socialiste Louis Blanc et, nouveauté, un ouvrier, Albert. Le 25 février, le gouvernement provisoire proclame la République. Lamartine, qui en a pris la tête, fait adopter le drapeau tricolore. Le suffrage universel (pour les hommes) est établi.

La République sociale

Sous la pression populaire, le gouvernement doit aller plus loin. Le droit au travail est affirmé. Pour garantir ce droit, des ateliers nationaux sont créés. Il s'agit, en fait, d'ateliers de charité employant les chômeurs de Paris – puis bientôt ceux de province, qui affluent – à des travaux de terrassement. La journée de travail en usine est limitée à dix heures.

La République fraternelle

La peine de mort est abolie en matière politique. En février 1848, l'optimisme bon enfant des foules est la note dominante : les prêtres bénissent les arbres de la Liberté que l'on plante pour célébrer l'installation de la République. La liberté totale de presse et de réunion est proclamée. On assiste à une floraison de clubs et de journaux. Victor Schoelcher fait abolir l'esclavage aux colonies.

Née sur les barricades parisiennes, désirée par des gens chaleureux et convaincus, bourgeois et ouvriers, la IIe République s'avère à ses débuts idéaliste et généreuse. Les hommes du gouvernement provisoire se passionnent pour le bien public… mais n'ont aucune expérience du pouvoir. L'élan lyrique se heurte rapidement à la crise économique et à l'agitation politique persistante.

Dans ce tableau de Henri Philippoteaux, Lamartine repousse le drapeau rouge à l'Hôtel de Ville le 25 février 1848.

Par son éloquence, il fait adopter le drapeau tricolore qui « a fait le tour du monde avec le nom, la gloire et la liberté de la patrie ».

PRÉHISTOIRE

ANTIQUITÉ

MOYEN ÂGE

ANCIEN RÉGIME

RÉVOLUTION

XIXe SIÈCLE

XXe SIÈCLE

XXIe SIÈCLE

La IIe République

Accueillie dans l'enthousiasme, la IIe République proclame les libertés fondamentales et adopte une nouvelle Constitution. La bourgeoisie, affolée par les troubles sociaux, fait corps avec les monarchistes pour élire une Assemblée législative conservatrice et un président de la République bonapartiste. Celui-ci, par le coup d'État du 2 décembre 1851, prolonge son mandat de dix ans… puis, le 2 décembre 1852, rétablit l'Empire.

1848

LOUIS NAPOLÉON

La victoire des conservateurs (avril). Dans une France essentiellement paysanne, encadrée par clergé, châtelains, notables, le suffrage universel masculin donne la victoire aux modérés et aux conservateurs. Les partisans de la République sociale, présentés comme des « partageux », sont battus : 100 sur 880 députés à la Constituante.

Les journées de juin (23-26 juin). Les Ateliers nationaux, destinés à fournir du travail aux chômeurs mais devenus un foyer d'agitation sociale, sont supprimés. Le 23, les ouvriers se soulèvent. Le général Cavaignac écrase l'insurrection ; 15 000 insurgés sont déportés en Algérie. Le mouvement ouvrier est décimé.

L'élection de Louis Napoléon Bonaparte. La nouvelle Constitution établit un régime présidentiel. Le 10 décembre, Louis Napoléon Bonaparte est élu président de la République avec 75 % des voix. Neveu de l'Empereur, il a bénéficié de la légende napoléonienne dans les campagnes ; soutenu par Thiers et le « parti de l'ordre », il rallie ceux qui craignent « les rouges ». Élu pour 4 ans, il n'est pas rééligible.

1849

13 mai. Sur les 750 députés élus à l'Assemblée législative, 500 sont des conservateurs, monarchistes pour la plupart, qui vont voter des mesures réactionnaires.

1850

La loi Falloux sur l'enseignement (15 mars). Elle donne aux religieux toute facilité pour enseigner. Pour prévenir tout retour du danger révolutionnaire, l'influence de l'Église sur l'enseignement est renforcée.

La loi électorale (31 mai). Elle supprime de fait le suffrage universel. Elle impose notamment aux électeurs trois ans de résidence continue, ce qui exclut les ouvriers, contraints à de fréquents déplacements. Le nombre d'électeurs passe de 9 600 000 à 6 800 000.

1851

Le Président soutient la politique de réaction de l'Assemblée conservatrice puis, pour gagner le soutien de l'opinion, prend des distances à son égard. Au peuple, il assure souhaiter des réformes sociales et propose le rétablissement du suffrage universel. Aux partisans de l'Ordre, il fait craindre l'anarchie à la fin de son mandat, en mai 1852.

Le coup d'État (2 décembre). Louis Napoléon organise un coup d'État qui lui permet de prolonger son mandat présidentiel de dix ans. Les mouvements de protestation sont réprimés massivement.

21 décembre. Un plébiscite ratifie la prise du pouvoir par la force (7 340 000 oui, 646 000 non, 1 500 000 abstentions). La nouvelle Constitution donne les plus larges pouvoirs au Président.

1852

NAPOLÉON III

Le second Empire. Il est officiellement proclamé le 2 décembre. Les voyages et les discours du « Prince-Président » ont préparé l'opinion. Le Sénat, entièrement nommé par Louis Napoléon, a accepté la révision de la Constitution, ratifiée par plébiscite. Louis Napoléon devient Napoléon III.

LA RÉPUBLIQUE CONFISQUÉE

La préparation du coup d'État

Les pouvoirs de Louis Napoléon Bonaparte doivent expirer en mai 1852. Les bonapartistes réclament l'allongement du mandat présidentiel. L'Assemblée repousse la révision de la Constitution. Le Prince-Président choisit de prolonger son mandat par la force. Aidé par son demi-frère Morny, il choisit des préfets dévoués, peuple la Garde de Paris d'officiers fidèles, nomme Maupas préfet de police et constitue un ministère de bonapartistes.

Le coup de force de Louis Napoléon Bonaparte

Louis Napoléon choisit exactement son jour, le 2 décembre, anniversaire du sacre de Napoléon Ier et de la victoire d'Austerlitz. Au matin du 2, Paris est couvert d'affiches annonçant la dissolution de l'Assemblée législative, le rétablissement du suffrage universel, la préparation d'une nouvelle Constitution. Le peuple est convoqué pour un plébiscite. Les troupes ont occupé de nuit le Palais-Bourbon, où siège l'Assemblée, et tous les points stratégiques, notamment l'Imprimerie nationale. Les opposants éventuels, républicains (Cavaignac) ou royalistes (Thiers, les généraux Changarnier, Lamoricière), ont été arrêtés au saut du lit. Le 3 décembre, un nouveau ministère est formé, avec Morny à l'Intérieur.

La répression des insurrections

À Paris, la résistance de la droite est faible. Des représentants de la gauche tentent de faire construire des barricades. Le 4 décembre, une colonne de soldats ouvre le feu, tuant 300 personnes.

En province, des insurrections éclatent, en particulier dans le Centre et le Sud-Est. Ces mouvements républicains sont présentés comme une jacquerie, une révolte paysanne. La répression est massive : 27 000 arrestations, 15 000 condamnations, dont 9 500 à la déportation en Algérie et en Guyane.

> Par le coup d'État du 2 décembre 1851, Louis Napoléon Bonaparte confisque la République. Le second Empire est officiellement proclamé, un an plus tard, jour pour jour. Mais le 2 décembre, date chère aux bonapartistes, devient une date détestée par les républicains. À propos du 2 décembre 1851, Victor Hugo, qui a préféré s'exiler, écrit *Histoire d'un crime* !

Gravure de décembre 1851 rappelant que depuis le coup d'État le mandat présidentiel de Louis Napoléon Bonaparte est étendu à 10 ans. Quelques mois plus tard, l'Empire est proclamé !

PRÉHISTOIRE

ANTIQUITÉ

MOYEN ÂGE

ANCIEN RÉGIME

RÉVOLUTION

XIXᵉ SIÈCLE

XXᵉ SIÈCLE

XXIᵉ SIÈCLE

L'empire autoritaire

Napoléon III appuie son régime autoritaire et personnel sur une administration préfectorale docile, une police omniprésente, qui contrôle étroitement la presse, les réunions et les opposants. La bourgeoisie, dans un contexte favorable aux affaires, se satisfait d'un empire autoritaire qui « tient » les masses ouvrières.

1852
NAPOLÉON III

25 décembre. Un sénatus-consulte accroît les pouvoirs personnels de Napoléon III.

1853

Des Français sous contrôle. 6 153 victimes de la répression restent en prison ou en exil. L'autorité du préfet, étroitement soumis au pouvoir, ne cesse de grandir. La vie politique est surveillée par une police omniprésente, qui contrôle la correspondance, les réunions. La presse est muselée par la pratique de l'autorisation préalable, du cautionnement, de l'avertissement. Une propagande officielle se développe dans les campagnes.

1854

22 juin. Une loi généralise pour les ouvriers l'obligation du port du livret, obligation instaurée depuis 1803.

1856

L'apogée du régime. En mars naît le prince impérial. Un an après l'Exposition universelle, la situation est brillante et l'ordre règne partout. La propagande qui vante les bienfaits du régime réussit d'autant mieux qu'elle apparaît confirmée par la conjoncture (hausse des profits et de l'emploi) et qu'elle s'adresse à des Français globalement satisfaits. La quasi-totalité du clergé se rallie à l'Empire et n'hésite pas à glorifier le gouvernement.

1857

Le test électoral. Le 29 avril, pour tester l'opinion publique, Napoléon dissout le Corps législatif. Aux élections de juin, les « candidats officiels » recueillent 90 % des voix. Seuls cinq républicains élus (dont Émile Ollivier) acceptent de prêter serment au régime.

1858

L'attentat d'Orsini (14 janvier). Le couple impérial échappe à un attentat meurtrier fomenté par le Romagnol Felice Orsini qui espérait, en supprimant l'empereur, provoquer une révolution qui gagnerait l'Italie. En réaction, le 27 février, une loi de sûreté générale est promulguée (430 condamnés à la déportation en Algérie).

1859

L'extension du réseau ferroviaire (11 juin). Pour faire pénétrer le chemin de fer dans les régions enclavées, l'Empire impose aux compagnies de construire des lignes de rendement aléatoire. En échange, il accorde une garantie d'intérêt aux souscripteurs de leurs emprunts.

1860

Le « coup d'État douanier » (23 janvier). Favorable au libre-échange, Napoléon III prépare en secret un traité de commerce avec l'Angleterre. Conclu pour dix ans, le traité ouvre largement le marché français aux produits anglais, ce qui mécontente certains industriels.

L'intervention en faveur de l'Italie. L'empereur perd aussi le soutien du clergé et des milieux catholiques en raison de son aide à l'unité italienne. Le 24 mars, moyennant la cession à la France de Nice et de la Savoie, il laisse le Piémont annexer des États appartenant au pape Pie IX.

LE PARIS D'HAUSSMANN

*Les dernières démolitions
de l'avenue de l'Opéra*

Des objectifs ambitieux

Napoléon III confie au baron Haussmann, préfet de la Seine de 1853 à 1870, le soin de transformer Paris. La capitale présente en effet des quartiers insalubres, et, surtout dans le centre, des rues étroites et mal pavées. Les égouts sont rares, tout comme l'eau courante. 20 000 porteurs d'eau sont encore nécessaires ! Il s'agit aussi de faciliter le commerce et les déplacements urbains, d'assurer le prestige du régime. Les grands travaux doivent également aider au maintien de l'ordre et éviter de nouvelles barricades.

La « fièvre haussmannienne »

Plus de 200 000 ouvriers sont mobilisés, 25 000 maisons détruites et 75 000 reconstruites, surtout en pierre de taille. On opère de larges percées avec des voies rectilignes et des places-carrefours. 600 km d'égouts sont réalisés tandis que les eaux de la Vanne et de la Dhuys sont canalisées vers la capitale. Les pavillons des Halles deviennent le « ventre de Paris ». On construit des gares, des grands magasins, des mairies d'arrondissement, des hôpitaux, des casernes, des édifices religieux, des prisons... Les espaces verts sont multipliés. En 1860, 18 communes périphériques comme Montmartre sont annexées ; Paris s'étend désormais sur 20 arrondissements et compte 2 millions d'habitants.

Des conséquences multiples

Le « Paris moderne » est né mais les transformations, outre la destruction d'une partie du patrimoine urbain, se sont accompagnées de spéculation immobilière. Celle-ci est caricaturée par le républicain Jules Ferry dans *Les Comptes fantastiques d'Haussmann*. Paris est aussi lourdement endetté. De plus, les ouvriers et artisans ont été expropriés du centre de Paris et rejetés vers la périphérie. Peu de logements sociaux ont été construits. La ségrégation sociale oppose dorénavant l'Ouest, « bourgeois », et l'Est, plus populaire.

Le second Empire a bouleversé le paysage urbain de Paris. La ville a été assainie, embellie, mais mise au service de la société industrielle et de la bourgeoisie triomphante. Les transformations voulues par Napoléon III et orchestrées par le baron Haussmann ont été décriées, critiquées, mais elles ont fait de Paris une capitale mondiale prestigieuse.

PRÉHISTOIRE

ANTIQUITÉ

MOYEN ÂGE

ANCIEN RÉGIME

RÉVOLUTION

XIXᵉ SIÈCLE

XXᵉ SIÈCLE

XXIᵉ SIÈCLE

L'empire libéral

À partir de 1860, devant la désaffection des milieux catholiques et des industriels, Napoléon III cherche à se concilier les opposants libéraux et les ouvriers. Le droit de grève est légalisé, le régime devient progressivement parlementaire. Mais, en 1870, la guerre arrête cette évolution : la défaite de Sedan, le 2 septembre, provoque la chute du régime.

1860

NAPOLÉON III

Le droit d'adresse (24 novembre). Un décret accorde aux assemblées le droit de voter une adresse annuelle au gouvernement. Les journaux ont désormais le droit de publier *in extenso* les débats des deux assemblées : le pays ne sera plus tenu dans l'ignorance.

1862 Une délégation ouvrière est envoyée à l'Exposition universelle de Londres, où elle rencontre les « syndicats » anglais. Sur leur exemple, elle en profite pour réclamer les droits de coalition et d'association.

1863 **Des élus républicains.** En mai, 32 opposants (dont 17 républicains) sont élus au Corps législatif.

18 octobre. Fondation du Crédit Lyonnais. L'État encourage la constitution de grandes banques d'affaires et de dépôts, autorise les sociétés à responsabilité limitée et reconnaît légalement la valeur du chèque (1865).

1864 **Le « Manifeste des Soixante ».** Le 17 février, 60 ouvriers de la Seine proclament, dans un manifeste, que les ouvriers constituent « une classe spéciale ayant besoin d'une représentation directe ».

Le droit de coalition (25 mai). Émile Ollivier est le rapporteur de la loi qui légalise la grève des ouvriers, à condition qu'il ne soit pas porté atteinte à la liberté du travail. Les organisations syndicales sont tolérées, mais les grèves qui éclatent alors montrent que les travailleurs ne se rallient pas à l'empire.

1867 **Le droit d'interpellation** (19 janvier). Le droit d'adresse est remplacé par le droit d'interpellation. Les ministres concernés par une demande d'explication viendront défendre leur politique devant les députés du Corps législatif.

1868 **L'extension des libertés** (11 mai). Une loi sur la presse supprime l'autorisation préalable et les avertissements.

6 juin. Une loi octroie la liberté des réunions électorales.

1869 23-24 mai. Les élections législatives conduisent à la Chambre 74 opposants (dont 25 républicains).

1870 **Les modifications constitutionnelles.** 20 avril, le pouvoir législatif est accordé aux deux chambres et le principe de la responsabilité ministérielle est admis. Le régime devient parlementaire. Pour désarmer l'opposition, Napoléon III recourt au plébiscite et « retrouve son chiffre ! » : 7 350 000 électeurs répondent oui aux réformes.

Napoléon III, prisonnier (1ᵉʳ septembre). Napoléon III est tombé dans le piège tendu par le chancelier Bismarck et a engagé la France dans la guerre contre la Prusse. Il est fait prisonnier à Sedan. Le 4 septembre, Léon Gambetta proclame, dans Paris en révolution, la déchéance de l'empire. La République est proclamée.

LE MONDE OUVRIER SOUS LE SECOND EMPIRE

◼◼ Une grande diversité

Les effectifs ouvriers sont de plus en plus nombreux en raison de l'industrialisation et des transformations urbaines. Mais l'aristocratie ouvrière des compagnons urbains ne ressemble guère aux ouvriers du textile des campagnes et des petites villes, aux travailleurs à domicile et surtout aux prolétaires des usines. Ces derniers, pour la plupart des ruraux déracinés, forment une masse de plus en plus importante dans les mines ou dans les villes industrielles.

◼◼ Des conditions de vie précaires

Les ouvriers sont dans l'ensemble soumis à de dures conditions d'existence. Les journées de travail durent parfois jusqu'à quinze heures, avec une discipline rigoureuse. Le livret qui contrôle les déplacements est généralisé. Les lois restreignant le travail des enfants (1841) ne sont pas appliquées. Contre les accidents du travail ou le chômage, l'ouvrier n'a aucune protection. Le salaire nominal progresse mais le pouvoir d'achat stagne, en raison de la hausse des prix et des loyers. Les femmes ont des salaires bien inférieurs à ceux des hommes. Les ouvriers habitent souvent des taudis et vivent dans une marginalité où sévissent la mortalité, en particulier infantile, l'alcoolisme, la prostitution.

◼◼ La naissance du mouvement ouvrier

Napoléon III, auteur de L'Extinction du paupérisme (1844), soucieux de la « question ouvrière », a accordé quelques améliorations (sociétés de secours mutuel, abolition de l'article 1781 du code civil selon lequel le patron était cru sur parole…). Mais, en 1864, le « Manifeste des Soixante » présente un programme de revendications ouvrières. Parallèlement se crée l'Internationale ouvrière. La loi du 25 mai 1864 légalise le droit de « coalition » (la grève), mais les grèves sont réprimées dans le sang (17 morts à Aubin en 1868, 14 à La Ricamarie en 1869). Un socialisme révolutionnaire clandestin est aussi en train de naître.

> La masse des prolétaires, née de l'industrialisation, est venue modifier la composition du monde ouvrier. Ces ouvriers, non qualifiés, à la merci de leur patron, sont confrontés à de dures conditions de travail, à un emploi précaire, à la pauvreté. Mais, à partir des années 1860, on assiste à la naissance du mouvement ouvrier dont une minorité se réclame du socialisme révolutionnaire.

Grève au Creusot en 1870 : un ouvrier harangue ses collègues dans la cour de l'usine.

PRÉHISTOIRE
ANTIQUITÉ
MOYEN ÂGE
ANCIEN RÉGIME
RÉVOLUTION
XIXᵉ SIÈCLE
XXᵉ SIÈCLE
XXIᵉ SIÈCLE

La naissance de la IIIᵉ République

Le gouvernement républicain s'installe dans un pays en guerre. Les élections de février 1871, favorables aux monarchistes, amènent le soulèvement de la Commune de Paris. Installée à Versailles, l'Assemblée décide le siège de Paris. L'écrasement des communards permet l'installation d'une République conservatrice. La Constitution de 1875 est un compromis entre monarchistes orléanistes et républicains modérés.

1871

ADOLPHE THIERS

L'armistice du 28 janvier. Le gouvernement provisoire issu du 4 septembre 1870 obtient de la Prusse un armistice contre la capitulation de Paris.

8 février. Les élections amènent à l'Assemblée nationale une majorité de monarchistes, divisés entre légitimistes et orléanistes. Thiers est désigné comme « chef du pouvoir exécutif de la République française ». Par le pacte de Bordeaux, il s'engage à ne pas prendre parti sur le futur régime.

Le traité de Francfort (10 mai). Thiers négocie les conditions de la paix avec le chancelier allemand Bismarck. Au traité de Francfort, la France perd l'Alsace-Lorraine et doit une indemnité de 5 milliards de francs-or. Le pays est occupé jusqu'au paiement total en 1874.

La « Semaine sanglante » (21-28 mai). Elle marque la fin de la Commune. Les troupes versaillaises ont écrasé et réprimé dans le sang l'insurrection. Le mouvement social paraît anéanti.

Thiers président (2 juillet). Malgré l'écrasement de la Commune, les républicains progressent aux élections partielles. Thiers reste au pouvoir avec le titre de président de la République. Il confirme la centralisation administrative (maires des villes nommés, conseils généraux placés sous la tutelle des préfets…). L'indemnité de guerre étant payée, Thiers obtient l'évacuation du territoire par avance (ce sera en septembre 1873).

1873

MAC-MAHON

« L'ordre moral » (24 mai). Thiers rompant le pacte de Bordeaux, se prononce pour une République conservatrice ; l'Assemblée le remplace par un légitimiste, le maréchal de Mac-Mahon. Le duc de Broglie forme un gouvernement « d'Ordre moral » : surveillance des journaux et des débits de boissons, respect des valeurs religieuses, pèlerinages encouragés…

Le drapeau blanc (30 octobre). Petit-fils de Charles X, le comte de Chambord, légitimiste, refuse d'admettre les principes de 1789 et de renoncer au symbolique drapeau blanc. Son obstination rend la restauration monarchique pour l'instant impossible. Mais l'Assemblée, espérant une restauration dans l'avenir, fixe à sept ans le mandat de Mac-Mahon.

1875

L'amendement Wallon (30 janvier). Le député Wallon propose de désigner du titre de « président de la République » le chef de l'État. L'amendement est voté à une voix de majorité. Les orléanistes se rapprochent des républicains pour voter les lois constitutionnelles. Le régime est parlementaire avec un président élu pour sept ans et deux assemblées élues (le Sénat et la Chambre des députés) qui désignent le Président.

LA COMMUNE

Le mur des Fédérés (des communards), au cimetière du Père-Lachaise, fut le théâtre des derniers combats de la Commune. Le mur devint le symbole de la lutte pour la liberté et un lieu de commémoration pour la gauche.

Le siège de Paris (19 septembre 1870 - 28 janvier 1871)

Avec la défaite de la France devant l'Allemagne, Paris est encerclé. La faim, le bombardement, quatre mois de siège pendant l'hiver le plus froid du siècle éprouvent cruellement Paris. Patriotes, les Parisiens condamnent la politique du gouvernement de la Défense nationale qui a succédé à l'Empire. La signature de l'armistice le 28 janvier les scandalise. Les élections législatives du 8 février 1871, organisées à la demande du chancelier allemand Bismarck, qui souhaite traiter avec des élus incontestés du pays, prouvent que Paris est jacobin et révolutionnaire, favorable à la poursuite de la guerre, et que la province – sauf dans l'Est et les grandes villes – est monarchiste et pour la paix.

La proclamation de la Commune

Le 10 mars, le gouvernement légal présidé par Thiers, en s'installant à Versailles, paraît « décapitaliser » Paris. Le 18 mars, ses troupes essaient, en vain, de récupérer les 227 canons de la Garde nationale regroupés à Montmartre. Paris se rebelle. Le 26 mars, une Commune est élue, qui s'érige en gouvernement insurrectionnel sous l'emblème du drapeau rouge. Son programme social interdit les amendes sur les salaires, abolit le travail de nuit des ouvriers boulangers, prévoit une instruction gratuite, obligatoire et laïque, jette les bases d'importantes réformes. La séparation de l'Église et de l'État est proclamée.

La victoire des Versaillais

130 000 Versaillais – dont nombre de prisonniers libérés par Bismarck – se rassemblent sous le commandement de Mac-Mahon contre 20 000 insurgés, ouvriers et artisans parisiens. Un second siège de Paris commence. L'assaut est donné le 21 mai. Aux exécutions sommaires du petit peuple de Paris répondent les exécutions d'otages par les communards. La « Semaine sanglante » s'achève le 28 mai, dans le cimetière du Père-Lachaise. La répression est atroce : 25 000 fusillés sommairement, 4 586 déportés, 4 606 condamnés à la prison. Elle dure pendant deux ans encore, écrasant pour longtemps le mouvement ouvrier.

Dernière des grandes révolutions parisiennes, la Commune est à la fois un sursaut patriotique, un mouvement républicain et égalitaire, et un mouvement de révolte contre l'autorité de l'État. Première révolution ouvrière, elle est devenue, depuis l'interprétation qu'en a donnée Karl Marx, le symbole d'un mouvement révolutionnaire anticapitaliste.

PRÉHISTOIRE

ANTIQUITÉ

MOYEN ÂGE

ANCIEN RÉGIME

RÉVOLUTION

XIXᵉ SIÈCLE

XXᵉ SIÈCLE

XXIᵉ SIÈCLE

La victoire des républicains

La Chambre des députés devient majoritairement républicaine en 1876. Les lois constitutionnelles de 1875 sont alors mises à l'épreuve par le conflit entre Mac-Mahon et les élus républicains. La crise débouche sur la soumission de l'exécutif et la reconnaissance du caractère parlementaire du régime. La victoire républicaine au Sénat, en 1879, conforte le succès des idées républicaines.

1876 **La Chambre républicaine.** Les républicains gagnent les élections législatives de février. La plupart d'entre eux sont des modérés ou opportunistes, groupés autour de Léon Gambetta, de Jules Ferry et de Jules Grévy. Gambetta annonce l'avènement des « couches sociales nouvelles » : la petite bourgeoisie et les classes moyennes.

1877 4 mai. Discours de Gambetta contre le cléricalisme : « Le cléricalisme, voilà l'ennemi. » **La crise du 16 mai.** Le Président Mac-Mahon, royaliste, s'oppose au républicain Jules Simon, chef du gouvernement. Celui-ci remet la démission de son cabinet.

25 juin. Mac-Mahon dissout la Chambre. Gambetta, lors de la campagne pour les législatives, proclame : « Quand la France aura fait entendre sa voix souveraine, il faudra se soumettre ou se démettre ».

Octobre. Les électeurs réélisent une chambre républicaine. Mac-Mahon « se soumet », appelle au gouvernement des républicains modérés, reconnaissant ainsi le caractère parlementaire du régime.

Novembre. Aux élections cantonales, une majorité de départements deviennent républicains.

1878 « **La révolution des mairies** ». L'expression est de l'écrivain Daniel Halévy. En janvier, en effet, les élections municipales ont donné la victoire aux républicains.

Présentation du plan Freycinet pour équiper le territoire en infrastructures de transport.

13 avril. Première publication du *Tour de la France par deux enfants*, de G. Bruno (Mme Alfred Fouillée).

1879 **La démission de Mac-Mahon** (5 janvier). Les républicains obtiennent la majorité au Sénat. Mac-Mahon refuse d'épurer l'armée des éléments monarchistes et « se démet » (30 janvier). Il est remplacé par Jules Grévy qui promet de ne jamais entrer « en lutte contre la volonté nationale ». Les Chambres et la présidence sont dorénavant aux mains des républicains.

JULES GRÉVY

La Marseillaise (14 février). La Chambre des députés adopte *La Marseillaise* comme hymne national. Le 19, elle vote l'amnistie partielle pour les communards rendant ainsi des chefs et des cadres à l'opposition socialiste.

Juin. Le 16, le projet de loi Ferry (ministre de l'Instruction publique), interdisant l'enseignement aux congrégations non autorisées, est voté.

18-26 juin. Les Chambres reviennent de Versailles à Paris : le Sénat s'installe au palais du Luxembourg, et la Chambre des députés, au Palais-Bourbon.

9 août. La loi Paul Bert crée dans chaque département des écoles normales d'instituteurs et d'institutrices.

LES IMPRESSIONNISTES

◼ Un nom reçu par dérision

L'impressionnisme naît officiellement en avril 1874, lorsqu'un groupe de peintres expose chez le photographe Nadar. Le critique du *Charivari* éreinte le tableau de Claude Monet, *Impression, soleil levant :* « Le papier peint à l'état embryonnaire est encore plus fait que cette marine-là. » Qu'importe ! Ces peintres font du terme d'impressionnistes dont ils sont qualifiés un titre d'honneur. Les plus célèbres d'entre eux vont être Monet, Bazille, Sisley, Pissarro, Renoir, Degas, Berthe Morisot, Caillebotte.

◼ Une peinture libre et contemporaine

Comme les réalistes tel Courbet avant eux, les impressionnistes refusent l'académisme. À l'instar des peintres de Barbizon, comme Turner, Boudin ou Manet, ils recherchent les effets contrastés de lumière. Ils vont cependant plus loin. Leur peinture est subjective ; elle accorde la primauté à la couleur, à l'impression ressentie dans l'instant. Ces peintres opèrent aussi une révolution technique, en travaillant par touches de couleurs pures et claires, juxtaposées. Leurs sujets s'inspirent de la vie quotidienne ; ils sortent de l'atelier et peignent des paysages. La ville moderne est également source d'inspiration, ainsi Monet et la gare Saint-Lazare.

◼ Un tournant artistique bref et déterminant

Le courant impressionniste ne fut jamais une école. Il a cependant inspiré nombre d'artistes étrangers. La littérature et la musique en ont été marquées. Pourtant, son existence fut brève. La dernière exposition impressionniste se tient en 1886. Excepté Durand-Durel, les marchands ne s'intéressent à eux que progressivement ; le grand public les méconnaît. À partir des années 1890, certains artistes, d'abord impressionnistes, s'orientent vers des recherches nouvelles, ainsi Cézanne, Seurat, Gauguin, Van Gogh ou les Nabis.

> L'impressionnisme marque un tournant majeur et irréversible dans l'histoire des arts en général. Les contraintes théoriques et techniques sont balayées. L'artiste peut dorénavant inventer, exprimer ses propres émotions. Les impressionnistes ont été des témoins de la vie quotidienne de leur temps et, par leur œuvre, ils ont ouvert les portes de l'art moderne.

Claude Monet, Impression, soleil levant. *Huile sur toile, 48 x 63 cm, musée Marmottan, Paris.*
Ce tableau, intitulé en 1872 Soleil levant sur Le Havre *est rebaptisé à l'occasion de l'exposition de 1874. Il est à l'origine du terme « impressionnisme ».*

PRÉHISTOIRE
ANTIQUITÉ
MOYEN ÂGE
ANCIEN RÉGIME
RÉVOLUTION
XIXᵉ SIÈCLE
XXᵉ SIÈCLE
XXIᵉ SIÈCLE

La République opportuniste

Depuis 1879, la République est aux mains des républicains divisés en opportunistes et radicaux. Sous l'impulsion de Jules Ferry, d'importantes lois enracinent les idées républicaines. Une politique de conquête coloniale est également menée. Mais les difficultés économiques font de nombreux mécontents. Un vaste mouvement antiparlementaire – le boulangisme – menace même un moment la République.

1880

JULES GRÉVY

Le Premier ministère Jules Ferry (25 septembre 1880-10 novembre 1881). L'enseignement secondaire public de jeunes filles, fondé par Victor Duruy sous Napoléon III, est réorganisé ; des lycées de jeunes filles sont créés pour donner « des compagnes républicaines aux hommes républicains ».

1881

12 mai. Après une intervention militaire en Tunisie, le bey reconnaît le protectorat de la France.

Les grandes lois républicaines. Le 16 juin, l'enseignement primaire est décrété gratuit (loi Ferry). Le 30, la loi sur les réunions publiques supprime l'autorisation préalable. Le 29 juillet, une loi assure la liberté de la presse : il n'y a plus ni cautionnement, ni autorisation préalable, ni censure.

1882

Le krach de l'Union générale (19 janvier). La faillite de cette banque ruine de nombreux épargnants. En outre, en raison de la dépression mondiale, l'essor économique se ralentit et le chômage s'accroît.

L'école publique, laïque et obligatoire. Le 28 mars, une nouvelle loi Ferry décrète l'enseignement primaire, laïque et obligatoire de 6 à 13 ans.

1883

Le second ministère Jules Ferry (21 février 1883-30 mars 1885). Jules Ferry entreprend la conquête de l'Annam qui, le 23 août, se place sous protectorat français. Le 21 mars 1884, la loi Waldeck-Rousseau autorise les syndicats professionnels et donne la liberté d'association. La loi municipale du 5 avril 1884 étend l'élection des maires par le conseil municipal à toutes les communes de France, sauf Paris.

1886

Le général Boulanger. Connu comme l'un des rares généraux républicains, il devient ministre de la Guerre en janvier. Il se rend populaire : ordinaire du soldat amélioré, projet de réduction du service militaire de cinq à trois ans…

1887

L'affaire Schnaebelé (20-30 avril). Boulanger profite de l'arrestation par les Allemands d'un commissaire de police français, Schnaebelé, pour apparaître comme « le général revanche » qui fait reculer Bismarck.

Le scandale des décorations (2 décembre). Le président de la République Jules Grévy compromis par son gendre, qui a fait trafic de la légion d'honneur, démissionne. Il est remplacé par Sadi Carnot. Le clan boulangiste en profite pour rassembler nationalistes, bonapartistes, monarchistes… et même certains radicaux derrière un programme antiparlementaire.

1889

SADI CARNOT

L'échec du boulangisme. Le 27 janvier, après avoir remporté de multiples élections partielles, Boulanger est élu à Paris. Ses partisans le pressent de marcher sur l'Élysée. Persuadé d'arriver au pouvoir par les voies légales, il refuse. Le boulangisme s'effondre.

JULES FERRY

Portrait de Jules Ferry en président du Sénat

■■ « Ferry-Famine »

Né le 5 avril 1832 à Saint-Dié (Vosges), dans une riche famille bourgeoise lorraine, avocat et journaliste, Jules Ferry se range dans l'opposition républicaine sous le second Empire. Élu député de Paris en 1869, il est, après le 4 septembre 1870, nommé maire de Paris et préfet de la Seine. À ce titre, il impose des restrictions alimentaires pendant le siège, ce qui lui vaut le surnom de « Ferry-Famine ». Il doit fuir Paris le 18 mars 1871, au début de la Commune.

■ Le père fondateur de l'école laïque

Républicain opportuniste, franc-maçon, positiviste et anticlérical, il souhaite s'appuyer sur l'école pour construire une France républicaine et laïque. Ministre de l'Instruction publique (février 1879-novembre 1881 ; janvier-août 1882 ; février-novembre 1883) et président du Conseil (septembre 1880-novembre 1881), il donne à l'État le droit exclusif de conférer les grades universitaires, prononce la dissolution des Jésuites et astreint les autres congrégations à demander l'autorisation gouvernementale. Il étend aux jeunes filles le bénéfice de l'enseignement secondaire d'État (loi C. Sée, 21 décembre 1880), crée des lycées et collèges de jeunes filles, une École normale supérieure féminine, à Sèvres, et une agrégation féminine. Il rend l'enseignement primaire gratuit (loi du 16 juin 1881), obligatoire de 6 à 13 ans et laïque (loi du 28 mars 1882). L'instituteur, « hussard noir de la République », diffuse les devoirs du citoyen, le patriotisme et la morale républicaine.

■■ « Ferry-Tonkin »

Contre la droite « revancharde » et l'extrême gauche radicale qui juge cette politique trop coûteuse, il se fait le champion de l'expansion coloniale. Pour permettre à la France de s'assurer des débouchés économiques et de renforcer son prestige international, il impose le protectorat français à la Tunisie.

Au cours de son second cabinet (février 1883-mars 1885), il établit la présence française à Madagascar, soumet l'Annam au protectorat et décide la conquête du Tonkin. L'annonce du massacre de la garnison de Lang Son par les Chinois provoque à la Chambre de vives attaques menées par Clemenceau. Renversé par les députés, devenu « Ferry-Tonkin », sa candidature à la présidence de la République (1887) échoue devant la coalition de tous ses adversaires. Hostile au boulangisme, non réélu député en 1889, il entre cependant au Sénat, dont il devient président à la veille de sa mort, le 17 mars 1893.

En dépit de l'importance capitale de son œuvre (l'enseignement et l'expansion coloniale), Jules Ferry ne devait jamais être populaire. Il est pourtant resté dans l'histoire le symbole de la politique scolaire de la IIIe République, le père fondateur de l'école primaire gratuite, obligatoire et laïque.

PRÉHISTOIRE
ANTIQUITÉ
MOYEN ÂGE
ANCIEN RÉGIME
RÉVOLUTION
XIXᵉ SIÈCLE
XXᵉ SIÈCLE
XXIᵉ SIÈCLE

La République modérée

Les années 1890 sont marquées par une orientation conservatrice favorisée par le « ralliement » des catholiques à une République modérée. À la lutte prioritaire contre la droite monarchiste et catholique succède le combat contre la gauche radicale et socialiste en plein essor. Les modérés au pouvoir répriment les mouvements ouvriers mais ils sont mis en difficulté par le scandale de Panama, l'anarchisme et l'affaire Dreyfus.

1889 **L'essor du socialisme.** Aux élections législatives de septembre-octobre, les républicains enlèvent 366 sièges, les socialistes, 20. Le mouvement socialiste se réorganise depuis le retour des chefs communards amnistiés en 1880.

1890 **Le « toast d'Alger »** (12 novembre). Au cours d'une réception des officiers monarchistes de la flotte, le cardinal Lavigerie, archevêque d'Alger, invite les catholiques à se rallier à la République.

1891 **La fusillade de Fourmies** (1ᵉʳ mai). Depuis 1890, les travailleurs célèbrent le 1ᵉʳ mai comme fête du Travail. Le mouvement syndical progresse et les ouvriers réclament la journée de 8 heures. Les manifestations violentes se multiplient. À Fourmies, la troupe intervient. Bilan : 9 morts (dont 2 enfants et 4 jeunes filles) et 35 blessés.

1892 **Le « scandale de Panama ».** La Compagnie de Panama, mise en faillite en 1889, a acheté par des chèques la complaisance de 104 députés. La droite nationaliste accuse un régime de « corrompus ». Le scandale discrédite, pour un temps, une grande partie des hommes politiques.

1893 20 août. Les élections amènent à la Chambre 50 socialistes, dont le marxiste Jules Guesde et Jean Jaurès, député des mineurs de Carmaux qu'il avait âprement défendus lors de leur grande grève de 1892.

1894 **L'assassinat de Sadi Carnot** (24 juin). Une partie des ouvriers rejette cette République née du massacre des communards et trop timide en matière sociale. Ce refus de

JEAN CASIMIR-PERIER « l'ordre bourgeois » nourrit les attentats et aboutit à l'assassinat du président de la République Sadi Carnot, auquel succède Jean Casimir-Perier. Pourchassé, l'anarchisme se réfugie dans l'action syndicale.

1895 Janvier. Jean Casimir-Perier, démissionnaire, est remplacé par Félix Faure.

FÉLIX FAURE **La naissance de la CGT** (23-28 septembre). Le congrès constitutif de la Confédération générale du travail (CGT) se réunit à Limoges. La CGT vise à unifier toutes les forces syndicales. Elle admet, « en dehors de toutes les écoles politiques », syndicats, unions et fédérations de métiers.

1898 **« J'accuse… ! »** (13 janvier). *L'Aurore* publie à 300 000 exemplaires une « lettre au président de la République » signée Émile Zola et coiffée par Clemenceau d'un titre foudroyant : « J'accuse… ! » Le drame du capitaine Dreyfus va devenir « l'affaire ». Pourtant, les élections de mai ne se font pas sur l'affaire Dreyfus. Les modérés gardent la majorité à la Chambre (250 sièges). Guesde est battu, tout comme Jaurès, dreyfusard.

Juillet. Zola, qui s'est enfui en Angleterre, est comdanné à un an de prison et 3 000 F d'amende. Au mois d'août, la découverte d'un faux dans le dossier Dreyfus conduit à la demande de révision.

L'AFFAIRE DREYFUS

Une affaire d'espionnage

Le 15 octobre 1894, un officier israélite, le capitaine Alfred Dreyfus, accusé d'espionnage au profit de l'Allemagne, sur la base de preuves fragiles, est arrêté. Traduit devant un conseil de guerre, il est cassé de son grade, déporté à l'île du Diable, en Guyane. La presse nationaliste et antisémite, comme *La Libre Parole* de Drumont, se félicite d'un tel jugement. La famille, les amis de Dreyfus, persuadés de son innocence, cherchent à la démontrer. Le 13 janvier 1898, dans une lettre ouverte au président de la République, Émile Zola relance l'affaire. La lettre intitulée « J'accuse… ! », parue dans *L'Aurore,* dénonce les mensonges, les manœuvres des généraux qui protègent le vrai coupable, le commandant Esterházy.

Une crise de conscience

Désormais, l'opinion publique se déchire. Les antidreyfusards s'attaquent, à travers les « juifs » et les « traîtres vendus à l'Allemagne »,

à la République. Au nom de « l'honneur de l'armée », ils refusent toute remise en cause du jugement du conseil de guerre. Les dreyfusards veulent faire triompher la justice, la vérité et les droits de l'homme. La presse orchestre « l'affaire ». En juin 1899, la crise atteint son sommet. Profitant du courant antidreyfusard, la droite nationaliste, militariste et antisémite, menée par Paul Déroulède et sa « ligue des patriotes », tente de former une coalition anti-républicaine.

Les retombées de « l'affaire »

Face au danger, les républicains, des modérés aux socialistes, s'unissent pour former un gouvernement de défense républicaine dirigé par Waldeck-Rousseau de juin 1899 à 1902. La crise accentue l'opposition entre une droite nationaliste, militariste et cléricale, et une gauche démocratique qui s'unit, radicaux en tête, pour épurer l'armée et réduire l'influence de l'Église. Waldeck-Rousseau limoge plusieurs généraux et s'en prend aux catholiques et au clergé qui, dans leur majorité, ont soutenu les antidreyfusards. Après un second procès, Dreyfus est gracié le 19 septembre 1899. Ce n'est qu'en 1906 qu'il est reconnu innocent et réintégré dans l'armée avec le grade de commandant.

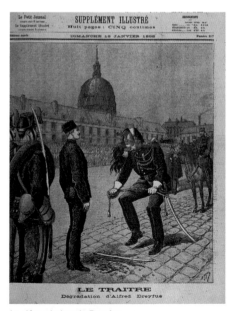

SUPPLÉMENT ILLUSTRÉ
Huit pages : CINQ centimes

Le Petit Journal

DIMANCHE 13 JANVIER 1895

LE TRAITRE
Dégradation d'Alfred Dreyfus

La dégradation de Dreyfus

Dreyfus est dégradé le 5 janvier 1895 dans la cour des Invalides à Paris, puis envoyé au bagne de l'île du Diable, en Guyane, où il arrive le 13 avril. L'affaire Dreyfus s'inscrit dans le contexte de l'époque. Elle montre la présence d'un fort sentiment antisémite et xénophobe, nourri par la hantise de l'espionnage allemand. Elle est aussi annonciatrice du XXe siècle : elle révèle la puissance nouvelle de la presse écrite, l'engagement des intellectuels et la nécessité, pour les gouvernants, de tenir compte de l'opinion publique.

PRÉHISTOIRE

ANTIQUITÉ

MOYEN ÂGE

ANCIEN RÉGIME

RÉVOLUTION

XIXᵉ SIÈCLE

XXᵉ SIÈCLE

XXIᵉ SIÈCLE

La « Défense républicaine »

À la suite de « l'affaire », la France apparaît partagée en deux camps : dreyfusards et antidreyfusards. Pour préserver la République contre l'agitation nationaliste, un Bloc des gauches, coalition de modérés, de radicaux et de socialistes, forme un ministère de « Défense républicaine » qui poursuit les antidreyfusards et mène une politique anticléricale. À l'extérieur, la crise marocaine provoque des remous dans l'opinion.

1899

ÉMILE LOUBET

Février. Félix Faure, mort soudainement, est remplacé par Émile Loubet.

Le ministère Waldeck-Rousseau (22 juin). Un ministère de Défense républicaine est formé. Il réprime les ligues antidreyfusardes, limoge des généraux, surveille les congrégations religieuses.

1901

La loi sur les associations (1ᵉʳ juillet). Elle favorise les associations laïques déclarées. Waldeck-Rousseau applique toutefois avec modération cette loi, qui oblige les congrégations religieuses à solliciter l'autorisation.

1902

Le ministère Combes (juin). Après le triomphe radical aux élections, le radical Combes forme le gouvernement. Anticléricaliste militant, Combes applique avec rigueur la loi de 1901 ; les autorisations demandées sont refusées, de nombreuses congrégations, expulsées.

1904

L'Entente cordiale (8 avril). La France renonçant à l'Égypte, l'Angleterre reconnaît à la France « le droit de veiller sur la tranquillité du Maroc ».

5 juillet. Une loi interdit l'enseignement à toutes les congrégations, autorisées ou non. Combes rompt les relations diplomatiques avec le Vatican et le pape Pie X (30 juillet).

1905

Le discours de Tanger (31 mars). En visite au Maroc, l'empereur d'Allemagne Guillaume II se pose en défenseur de l'indépendance marocaine, contre les ambitions françaises, et déclenche une grave crise diplomatique.

La SFIO (26 avril). Jaurès crée le Parti socialiste unifié, Section française de l'Internationale ouvrière (SFIO), dont le journal est *L'Humanité* (1904). Mais, aux législatives de mai, le Bloc des gauches éclate.

La séparation des Églises et de l'État (9 décembre). La loi reconnaît la liberté de conscience et de culte, mais la République ne reconnaît, ne salarie, ni ne subventionne aucun culte. C'est la fin du Concordat de 1801. L'« inventaire » des biens d'Église déclenche des troubles.

1906

ARMAND FALLIÈRES

Février. La présidence de la République revient à Armand Fallières.

Clemenceau, président du Conseil. En mai, les radicaux remportent les législatives. Clemenceau forme un gouvernement radical avec adjonction de quelques socialistes indépendants dont Aristide Briand. Clemenceau crée le ministère du Travail. La loi sur le repos hebdomadaire est votée.

Le congrès d'Amiens (14 octobre). La CGT s'affirme par une charte, indépendante de tout parti politique ; le mouvement syndical est révolutionnaire, antimilitariste et doit agir par les sabotages et la grève générale. C'est l'« anarcho-syndicalisme » qui l'emporte au sein de la CGT.

LA QUERELLE DES INVENTAIRES

◼ La séparation des Églises et de l'État

Après quinze mois de tractations, la loi du 9 décembre 1905 annonce que « la République ne reconnaît, ne salarie ni ne subventionne aucun culte ». Les biens des paroisses iront, après inventaire, à des associations de fidèles, dites « associations cultuelles ». Églises et presbytères demeurent propriété publique. « Loi de tolérance et d'équité », se félicite Aristide Briand, rapporteur du texte. Mais l'inventaire des biens d'Église se heurte, à partir de février 1906, à l'opposition violente de catholiques intransigeants. Le pape Pie X condamne la rupture unilatérale du Concordat de 1801 et interdit la constitution des « cultuelles ».

◼ Les oppositions à l'inventaire

Des incidents ont commencé à Paris le 1er février, à l'église Sainte-Clothilde. Pour interdire l'inventaire des objets qu'elle contient, les hommes se barricadent dans l'église. Ils s'arment de cannes, de pierres. Les portes sont enfoncées à coups de hache et l'expulsion des barricadés se fait sans douceur. À la fin du mois, les incidents gagnent la province : la Bretagne, la Vendée, le Velay, les Pyrénées, la Flandre… Dans les Pyrénées, les Basques amènent des ours à la porte des églises pour en interdire l'accès aux forces de l'ordre. Dans la Haute-Loire et en Lozère, pas un seul inventaire ne peut être réalisé devant la mobilisation paysanne. Le 6 mars 1906, à Boeschèpe, les paysans flamands s'opposent à l'inventaire des biens de leur église. Un jeune manifestant, Ghysel, est tué. Sa mort entraîne la chute du cabinet Rouvier, auteur de la loi de séparation des Églises et de l'État.

◼ La politique d'apaisement

Dès le 16 mars, Clemenceau, ministre de l'Intérieur, invite les préfets à suspendre l'inventaire « afin de ne pas faire tuer des hommes pour compter des chandeliers ». Cette attitude conciliatrice fait revenir le calme et les élections de mai démontrent le caractère ultraminoritaire des incidents. Au printemps 1907, une loi du ministère Clemenceau (ce dernier est président du Conseil depuis octobre 1906) défère à l'Assistance publique les biens des évêchés et des paroisses, laissant au clergé et aux fidèles la disposition gratuite des églises. Le culte est assimilé à une réunion publique. La séparation enlève bien des arguments à l'anticléricalisme, qui commence alors à s'atténuer.

> Dans la majorité des cas, les inventaires se sont produits sans incident violent (sinon sans protestation). Les émeutes ont éclaté lorsque certains ont considéré l'inventaire comme une confiscation ou comme le vol d'objets sacrés.

Forces de l'ordre et paroissiens s'affrontent. Dans les campagnes, les manifestations rejoignent la vieille détestation à l'égard des gendarmes et surtout des agents du fisc.

PRÉHISTOIRE

ANTIQUITÉ

MOYEN ÂGE

ANCIEN RÉGIME

RÉVOLUTION

XIXᵉ SIÈCLE

XXᵉ SIÈCLE

XXIᵉ SIÈCLE

La montée des périls

Le ministère radical de Clemenceau réprime surtout une vive agitation sociale. L'instabilité ministérielle réapparaît tandis qu'une seconde crise marocaine inquiète l'opinion. Les modérés revenus un temps au pouvoir font adopter le retour du service militaire à trois ans. Aux élections de 1914, le Bloc des gauches se réforme. L'entrée en guerre entraîne le ralliement de la CGT et de la SFIO à l'« Union sacrée ».

1907

ARMAND FALLIÈRES

Le ministère Clemenceau (1906-1909). Clemenceau se propose de réaliser des réformes « radicales » : impôt sur le revenu, retraites ouvrières… Il est surtout aux prises avec des luttes sociales ou des troubles agraires comme dans le Midi viticole où la troupe envoyée rétablir l'ordre se mutine.

1908

Villeneuve-Saint-Georges (30 juillet). La répression d'une grève fait 4 morts et 100 blessés. Face à cette agitation sociale, Clemenceau discrédite les meneurs syndicalistes, fait arrêter les secrétaires de la CGT. Il devient le « premier flic de France ».

1909

Le ministère Briand (10 octobre). Devenu président du Conseil, le socialiste indépendant Aristide Briand réquisitionne les cheminots en grève, au grand scandale de la SFIO, qui y voit une atteinte au droit de grève.

1910

L'instabilité ministérielle. Aucune majorité nette ne sort des élections législatives, les socialistes refusant de soutenir des ministères radicaux, qu'ils qualifient de « bourgeois ». Dix cabinets vont se succéder jusqu'en 1914.

1911

Le « coup d'Agadir » (1ᵉʳ juillet). La France envoie des troupes au Maroc pour aider le sultan menacé par une révolte. L'Allemagne réplique par l'envoi d'une canonnière devant Agadir. Un accord franco-allemand (4 novembre) règle la crise, mais mécontente les nationalistes des deux pays.

1912

Le retour au pouvoir des modérés (14 janvier). Les problèmes extérieurs et les exigences de la défense nationale passent au premier plan. Poincaré, républicain modéré et patriote intransigeant, s'attache à resserrer les alliances de la France avec le Royaume-Uni et la Russie.

1913

RAYMOND POINCARÉ

La loi de trois ans. Alors que Raymond Poincaré vient d'être élu président de la République, l'état-major et la droite réclament le retour au service national de trois ans (ramené à deux ans depuis 1905). Par pacifisme et antimilitarisme, la gauche y est hostile. La loi est finalement votée le 7 août par une majorité de centre et de droite.

1914

La victoire de la gauche. Avril-mai : socialistes et radicaux l'emportent aux élections législatives. Le 13 juin, Viviani, socialiste indépendant, forme un gouvernement que la SFIO soutient sans participer. L'impôt sur le revenu est voté, mais la loi de trois ans, pourtant impopulaire, est maintenue…

Jaurès assassiné. Le 31 juillet, Jaurès, qui défend le pacifisme, est assassiné par un nationaliste.

L'entrée en guerre (3 août). L'Allemagne déclare la guerre à la France.

L'ÉTÉ 1914

■ L'attentat de Sarajevo

Le 28 juin 1914, à Sarajevo, l'archiduc héritier d'Autriche, François-Ferdinand, est assassiné par Princip, un étudiant bosniaque membre d'une société secrète en relation avec les Serbes. Le gouvernement et l'état-major de Vienne estiment que le moment est venu de saisir ce prétexte pour se débarrasser de la Serbie. Tandis que le tsar Nicolas II et Poincaré négocient à Saint-Pétersbourg le resserrement de l'alliance franco-russe, l'Autriche-Hongrie prépare, en accord avec l'Allemagne, un ultimatum qui porte atteinte à son indépendance. Devant le refus de la Serbie, l'Autriche lui déclare la guerre le 28 juillet.

■ La mobilisation de la France

Le 1er août, le gouvernement français ayant répondu à un ultimatum de Berlin que la France agira « selon ses intérêts », le pays se couvre d'affiches annonçant la mobilisation générale ; les cloches des églises sonnent le tocsin. L'assassinat de Jaurès, la veille, laisse le champ libre aux champions de l'« Union sacrée », au point que le ministre de l'Intérieur Malvy n'a même pas besoin de faire procéder aux arrestations de militants pacifistes inscrits tout comme les suspects d'espionnage dans le fichier, le fameux « carnet B ».

■ Le jeu des alliances militaires

Les militaires pèsent sur les décisions et déclenchent un engrenage irréversible. L'acuité des tensions et le jeu des alliances transforment une crise régionale en un conflit militaire à l'échelle de l'Europe. Le 30 juillet, la Russie mobilise. Le 31, l'Allemagne la somme d'arrêter sa mobilisation et exige de la France un gage de neutralité. Le 1er août, elle décrète la mobilisation générale et déclare la guerre à la Russie. Le 3, elle engage les hostilités contre la France. Le 4 août, le Royaume-Uni déclare la guerre à l'Allemagne, qui a envahi la Belgique et violé sa neutralité.

La crise balkanique s'est transformée en un conflit européen généralisé : d'un côté, la Triple-Entente (Russie, France, Royaume-Uni) ; de l'autre, les empires centraux (Autriche-Hongrie, Allemagne). L'entrée en guerre de la Turquie (octobre 1914) et de la Bulgarie (octobre 1915) aux côtés des empires centraux, celle du Japon (août 1914), de l'Italie (mai 1915), du Portugal (mars 1916), de la Roumanie (août 1916), des États-Unis (avril 1917) et de la Grèce (juin 1917) de l'autre côté, transforment ce conflit européen en Première Guerre « mondiale ».

Le départ des troupes au front en 1914. Dans la plupart des cas, et malgré l'occasion de revanche, la mobilisation française s'est faite dans la résignation. Chacun croyait aussi que la guerre, présentée comme défensive, serait courte.

PRÉHISTOIRE

ANTIQUITÉ

MOYEN ÂGE

ANCIEN RÉGIME

RÉVOLUTION

XIXᵉ SIÈCLE

XXᵉ SIÈCLE

XXIᵉ SIÈCLE

L'Union sacrée

Socialistes et syndicalistes se rallient massivement à la défense nationale : c'est l'« Union sacrée ». L'échec des grandes offensives de 1914 conduit à un conflit de longue durée marqué par la guerre des tranchées à l'ouest, le recul russe à l'est. À l'arrière, on assiste à une véritable mobilisation économique. Les offensives des deux années suivantes sont également vaines. En 1916, une offensive allemande aboutit à l'« enfer de Verdun ».

1914

RAYMOND POINCARÉ

Le ralliement socialiste. 4 août : devant le cercueil de Jaurès (assassiné le 31 juillet), Jouhaux, secrétaire général de la CGT, proclame son ralliement à la guerre. Face au péril extérieur, les oppositions politiques se taisent. Jusqu'en novembre 1917, les socialistes participeront aux gouvernements.

Les taxis de la Marne (6-10 septembre). Après avoir enfoncé le front français à la frontière belge, les Allemands, délaissant Paris, franchissent la Marne. Deux millions d'hommes s'affrontent, de Verdun à Paris, sur 300 km. Attaqués par des troupes venues de Paris et transportées par taxis, les Allemands reculent. Le général Joffre est le grand vainqueur de la Marne.

Septembre. La « course à la mer » commence. Les Allemands cherchent à déborder les armées franco-anglaises par l'ouest.

La guerre de tranchées. Dès novembre, le front se stabilise de la mer du Nord à la Suisse : les armées s'enterrent. Sur 780 km, la guerre de mouvement devient une guerre d'usure : aux grandes percées de toute une armée font place les combats au corps à corps pour conquérir ou conserver un fort, une position ou une tranchée.

1915

La guerre navale. Torpillage du paquebot transatlantique britannique *Lusitania* par les Allemands (7 mai) et bataille du Jutland (31 mai-1ᵉʳ juin).

Mai-juin. Pour soulager les Russes dont l'armée a reculé de plus de 500 km, Joffre lance une offensive en Artois. Pour secourir l'armée russe, la flotte franco-anglaise a tenté en vain de forcer les Dardanelles, détroits tenus par les Turcs, alliés des Allemands depuis octobre 1914. En mai 1915, l'Italie rejoint les Alliés, mais l'intervention bulgare aux côtés de l'Autriche (octobre) entraîne l'écrasement de la Serbie.

L'offensive alliée en Champagne (septembre-octobre). L'offensive franco-anglaise se traduit par des pertes effroyables dans le camp allié. (Entre mai et octobre, cette stratégie de « grignotage » coûte à l'armée française 348 000 morts et deux fois plus de blessés !)

1916

Verdun (21 février). Les Allemands, qui veulent « saigner à blanc l'armée française », déclenchent une offensive à Verdun. Dans un inextricable réseau de tranchées et de boyaux, les soldats vivent « l'enfer de Verdun ». Le général Pétain organise la défense ; la relève et le ravitaillement sont assurés par la route de Bar-le-Duc à Verdun : la Voie sacrée.

Octobre-novembre. Des contre-offensives permettent aux Français de reconquérir presque tout le terrain perdu depuis février.

18 décembre. La bataille de Verdun est terminée. Elle a coûté à l'armée française 221 000 tués, disparus, prisonniers, 320 000 blessés et aux Allemands 500 000 tués, blessés et disparus.

LES FRANÇAIS DANS LA GUERRE TOTALE

La vie dans les tranchées

Les souffrances des combattants

Avant 1914, en argot militaire, « avoir du poil » signifie « avoir du cran ». Le « poilu » est le militaire « courageux » et c'est par ce terme que les civils vont désigner le combattant. Le « poilu » est aussi celui qui, sur le front, ne peut plus se raser facilement. Dans les tranchées, ces hommes endurent de terribles souffrances. Mitraillés, bombardés, menacés par les gaz, ils supportent la boue, l'humidité, le froid, la soif, la vermine. Ils attendent, la peur au ventre, l'ordre qui les lancera à l'attaque. Jusqu'en 1917, les permissions sont rares. Malgré la censure, les combattants font savoir leur lassitude ; certains se mutinent.

L'appel « aux femmes françaises »

Le 7 août 1914, le président du Conseil René Viviani en appelle aux femmes françaises pour remplacer les hommes mobilisés. Promues gardiennes des valeurs de la nation, elles sont non seulement « anges-blancs » (infirmières), mais aussi conductrices de tramways, livreuses de charbon… Ouvrières dans l'industrie de guerre, elles sont qualifiées de « muni-tionnettes ». Le diminutif évoque celui de « midinette » (l'ouvrière de la couture), minimisant et féminisant ainsi leur travail. En 1918, on compte 430 000 « munitionnettes ».

L'impossible retour à la normale

L'après-guerre va être le temps du deuil, des monuments aux morts, des médailles pour les combattants. Sur 8,4 millions de mobilisés (dont 550 000 venus des colonies), on compte 1,35 million de morts et 3,5 millions de blessés. Toute une génération est marquée à jamais par la violence et l'horreur du conflit. Les femmes sont officiellement démobilisées en janvier 1919. Avec la paix, la ligne de partage des rôles masculin et féminin reprend ses droits. En fait, les femmes représentaient déjà 36,7 % des actifs avant 1914.

> Tous les Français participent à la guerre. À la mobilisation des hommes dans les tranchées correspond la mobilisation économique des femmes à l'arrière. Même les enfants, dans leur vie quotidienne, sont impliqués : dans ce qui est une guerre totale, front et arrière se diluent.

Des « munitionnettes » dans une usine d'armement

PRÉHISTOIRE
ANTIQUITÉ
MOYEN ÂGE
ANCIEN RÉGIME
RÉVOLUTION
XIXᵉ SIÈCLE
XXᵉ SIÈCLE
XXIᵉ SIÈCLE

La fin de la guerre

1917 marque un tournant dans la guerre. La révolution bolchevique entraîne l'arrêt des combats sur le front russe, les États-Unis entrent en guerre aux côtés des Alliés. En France, cependant, c'est la rupture de l'« Union sacrée ». Le gouvernement autoritaire de Clemenceau permet malgré tout de poursuivre l'effort de guerre. La contre-offensive générale des Alliés, en 1918, contraint les Allemands à accepter l'armistice.

1917

RAYMOND
POINCARÉ

L'entrée en guerre des États-Unis (6 avril). La guerre sous-marine à outrance, déclenchée par l'Allemagne dès février pour empêcher le ravitaillement de l'Angleterre, provoque la destruction de cargos américains. Wilson, approuvé par le Congrès, met fin à l'isolationnisme américain et rejoint la France et le Royaume-Uni.

Le Chemin des Dames (16-19 avril). Nivelle, successeur de Joffre, relance entre l'Oise et Reims des offensives inutilement coûteuses : 30 000 morts et 80 000 blessés en deux jours !

Les mutineries. L'échec des offensives et la lassitude générale provoquent des mutineries (230 de mai à juin). En juillet, Pétain remplace Nivelle, réprime les mutineries et reprend l'armée en main en améliorant l'ordinaire et les conditions de vie des soldats, en renonçant aux attaques meurtrières.

La rupture de l'« Union sacrée » (16 novembre). Les minoritaires socialistes contraignent leur parti à quitter le gouvernement. Le 17, Clemenceau est président du Conseil. Il renforce la censure, arrête les militants pacifistes, traque les « embusqués », pousse la production de guerre. Par ses « visites au front », « le Tigre » relève le moral des poilus.

La défection russe. Portés au pouvoir par la révolution d'Octobre, les bolcheviks signent l'armistice avec l'Allemagne à Brest-Litovsk (15 décembre), ce qui provoque la défection russe.

1918

Les offensives allemandes. À partir de mars, ayant récupéré des divisions après l'arrêt des combats en Russie (traité de paix de Brest-Litovsk), les Allemands lancent quatre offensives, de la Flandre à la Champagne, et parviennent à 65 km de Paris.

Un commandement unique allié. La création d'un commandement unique, confié à Foch après la conférence interalliée de Beauvais (3 avril), permet de stabiliser le front en avant d'Amiens.

La contre-offensive alliée. Les renforts américains confèrent aux Alliés la supériorité numérique. À partir du 18 juillet, la contre-offensive générale des armées alliées et l'utilisation combinée des chars et des avions contraignent les Allemands à se replier en bon ordre.

Octobre-novembre. Sur le front des Balkans et en Italie, les troupes alliées obligent la Turquie (31 octobre) et l'Autriche-Hongrie (3 novembre) à capituler.

L'armistice (11 novembre). La pression des Alliés et la révolution à Berlin, où l'empereur est remplacé par la République, contraignent les Allemands à l'armistice. Il est signé à Rethondes, dans la forêt de Compiègne.

1919

Le traité de Versailles (28 juin). Les négociations des traités entre les vainqueurs aboutissent, entre les Alliés et l'Allemagne, à la signature du traité de Versailles.

LES TRAITÉS DE PAIX

La Conférence de la Paix (janvier-juin 1919) réunit à Paris les représentants de 27 pays alliés, associés ou neutres, mais exclut les vaincus et la Russie. Des divergences apparaissent. Le président des États-Unis propose une paix reposant sur le droit des peuples à disposer d'eux-mêmes et garantie par une Société des Nations. La France, avec Clemenceau, a pour soucis la sécurité du territoire et la réparation des dommages de guerre causés par « l'agresseur allemand ». Le Royaume-Uni, avec Lloyd George, craint une trop grande croissance de la puissance française. L'Italie, avec Orlando, rappelle les promesses alliées en contrepartie de son entrée dans la guerre.

◼ Le traité de Versailles

Signé à Versailles, le 28 juin 1919, le traité franco-allemand rend l'Allemagne et ses alliés responsables de la guerre. L'Allemagne doit verser 132 milliards de marks-or (les réparations), dont 52 % à la France. La Rhénanie est démilitarisée et occupée pendant quinze ans, ainsi que la Sarre. Toute revanche lui est impossible car elle ne peut posséder ni aviation militaire, ni artillerie lourde, ni marine de guerre, ni chars, et son armée est réduite à 100 000 hommes. Depuis l'armistice, l'Alsace-Lorraine est rendue à la France et l'Allemagne perd aussi en Europe d'autres territoires.

L'union avec l'Autriche (*Anschluss*) lui est interdite. Ses colonies du Pacifique sont partagées entre les vainqueurs.

◼ Des traités problématiques

Le traité de Versailles ne prévoit pas de moyens contraignants d'exécution, et la reconnaissance de la culpabilité allemande comme l'occupation militaire exacerbent le sentiment national. Des traités séparés sont signés avec les nouveaux États issus du démembrement de l'empire austro-hongrois. l'Autriche et la Hongrie sont considérablement réduites, la Tchécoslovaquie et la Yougoslavie sont créées, la Pologne renaît. La carte politique de l'Europe centrale est profondément modifiée et instable.

Aux États-Unis, l'administration républicaine, isolationniste, refuse de signer le traité de Versailles ainsi que le pacte de la Société des Nations (SDN).

> Les traités de paix, issus d'intérêts divergents, constituent un ensemble qui va créer de multiples foyers de crise, susciter des sursauts nationalistes, hypothéquer gravement l'avenir et obérer les relations franco-allemandes.

La signature du traité de Versailles, dans la galerie des Glaces du château, le 28 juin 1919

PRÉHISTOIRE

ANTIQUITÉ

MOYEN ÂGE

ANCIEN RÉGIME

RÉVOLUTION

XIXᵉ SIÈCLE

XXᵉ SIÈCLE

XXIᵉ SIÈCLE

Le Bloc national

La droite, alliée au centre, forme le Bloc national qui l'emporte aux législatives de 1919. L'agitation ouvrière est durement réprimée, mais les difficultés financières s'accumulent. La politique de rigueur du Bloc national et celle de Poincaré, devenu président du Conseil, multiplient les mécontents et conduisent à la victoire du Cartel des gauches (radicaux et socialistes) aux élections de mai 1924.

1919

RAYMOND
POINCARÉ

La CFTC. La Confédération française des travailleurs chrétiens (CFTC), qui souhaite la collaboration des classes, est créée les 1ᵉʳ-2 novembre.

La « Chambre bleu horizon » (16 novembre). Alliée aux modérés et bénéficiant de la peur des possédants (le « péril bolchévique »), la droite l'emporte aux élections législatives. Formée surtout d'anciens combattants, la « Chambre bleu horizon » réprime durement les grandes grèves de 1920 (dirigeants syndicaux arrêtés, 18 000 cheminots grévistes révoqués). Le régime concordataire est maintenu en Alsace-Lorraine.

1920

PAUL
DESCHANEL

ALEXANDRE
MILLERAND

Le rejet de Clemenceau. Le 17 janvier, Paul Deschanel devient président de la République. Modéré, il a été choisi de préférence à Clemenceau, qui s'est fait de nombreux ennemis et est marqué par son anticléricalisme.

24 septembre. Alexandre Millerand, chef du Bloc national, remplace Deschanel, démissionnaire pour troubles mentaux.

Le Congrès de Tours (25-30 décembre). Les délégués de la SFIO (Section française de l'Internationale ouvrière) se réunissent à Tours. La SFIO se divise entre socialistes et communistes.

1921

Les relations avec le Vatican (16 décembre). La reprise des relations diplomatiques avec le Vatican est votée.

25-31 décembre. 1ᵉʳ congrès du Parti communiste à Marseille.

1922

La scission syndicale (13 janvier). La scission politique se double d'une scission syndicale. À côté de la CGT, proche des socialistes, se forme la CGTU (Confédération générale du travail unitaire), proche des communistes.

1923

L'occupation de la Ruhr (11 janvier). L'Allemagne tardant à payer les réparations, Poincaré, président du Conseil, fait occuper la Ruhr. Cette occupation accentue la dépréciation du franc, déjà miné par les emprunts et l'inflation. Pour redresser la monnaie, Poincaré négocie l'évacuation de la Ruhr et augmente les impôts directs de 20 %.

1924

GASTON
DOUMERGUE

La victoire du Cartel des gauches (11 mai). L'alliance électorale permet à une majorité radicale-socialiste de l'emporter aux législatives. La gauche victorieuse oblige Millerand, président de la République, qui a pris position pour le Bloc national, à démissionner (11 juin). Gaston Doumergue, modéré, lui succède. Le Cartel est en fait désuni ; les socialistes refusent de participer au gouvernement et la crise financière devient dramatique.

29 octobre. Édouard Herriot, radical-socialiste, président du Conseil, reconnaît officiellement l'URSS.

LE CONGRÈS DE TOURS

*Sous l'appel de Karl Marx :
« Prolétaires de tous pays, unissez-vous ! », les militants socialistes examinent les 21 conditions imposées par Lénine pour l'entrée dans la IIIᵉ Internationale. L'adhésion est votée par 3 208 voix contre 1 022 et 397 abstentions.*

▪ Les « vingt et une conditions »

Le 25 décembre 1920, 285 délégués de la SFIO se réunissent en congrès à Tours. La question posée aux congressistes est la suivante : faut-il ou non se rallier aux thèses de la IIIᵉ Internationale ou Komintern, créée en 1919 par Lénine et patronnée par les bolcheviks ? faut-il s'engager résolument sur la voie d'une action révolutionnaire ? En juillet 1920, Cachin et Frossard sont envoyés à Moscou afin d'y rencontrer le secrétaire de la IIIᵉ Internationale, Zinoviev. Ce dernier fixe « vingt et une conditions » très strictes : centralisme, subordination du syndicat au Parti, exclusion des réformistes, soumission aux décisions de l'Internationale…

▪ La polémique

Léon Blum conduit la bataille contre le ralliement. Il rejette l'idée d'un parti monolithique, au sein duquel les décisions seraient imposées par un tout-puissant comité directeur qui, lui-même, prendrait ses ordres à Moscou. Estimant l'action révolutionnaire prématurée, Blum propose l'unité avec le syndicalisme plutôt que l'absorption de celui-ci par le Parti. Frossard, au contraire, veut créer un parti neuf, centralisé, épuré. La prise de pouvoir légale (législatives de 1919) et la prise de pouvoir révolutionnaire (grèves de 1920) ayant échoué, l'aile gauche de la SFIO se tourne vers la seule révolution qui fournit un modèle victorieux : la révolution bolchevique.

▪ La rupture de l'unité

Le 29 décembre, une majorité (motion Cachin-Frossard) se prononce pour l'adhésion à la IIIᵉ Internationale alors qu'une minorité s'y oppose avec la motion Longuet (petit-fils de Karl Marx). Le Parti socialiste unifié, qui compte 180 000 adhérents, éclate ; c'est la scission du mouvement ouvrier français. Dans l'immédiat, ceux qui adhèrent au Komintern, les militants communistes, sont 130 000. Ils se regroupent dans la Section française de l'Internationale communiste (SFIC) avec le journal *L'Humanité*, dirigé par Marcel Cachin. 50 000 socialistes restent à la SFIO, conservent *Le Populaire* et divers organes de presse de province. À leur tête, Léon Blum déclare « garder la vieille maison ».

En décembre 1920, beaucoup d'observateurs jugent provisoire la rupture de l'unité socialiste. Liée à une conjoncture particulière, la scission s'est pourtant perpétuée, marquée de polémiques et de réconciliations successives entre socialistes et communistes. D'accidentelle, la scission du congrès de Tours est devenue un fait de structure du mouvement ouvrier et social français.

PRÉHISTOIRE

ANTIQUITÉ

MOYEN ÂGE

ANCIEN RÉGIME

RÉVOLUTION

XIXᵉ SIÈCLE

XXᵉ SIÈCLE

XXIᵉ SIÈCLE

De l'union nationale à la crise

Président du Conseil depuis 1924, Édouard Herriot brandit la menace d'un impôt sur le capital ; les capitaux fuient à l'étranger. En 1925, Herriot démissionne, remplacé en 1926 par Poincaré, qui dévalue le franc et réussit à le stabiliser (1928). Mais la reprise économique est illusoire. La crise mondiale atteint la France. Les élections de 1932 favorisent la gauche, trop désunie cependant pour gouverner efficacement.

1925

GASTON DOUMERGUE

La chute du ministère Herriot (10 avril). Herriot se heurte à ce qu'il appelle le « mur d'argent » : les mesures qu'il préconise (impôt sur le capital, emprunt forcé...) sont repoussées par les Chambres. Les capitaux gagnent l'étranger ; les épargnants demandent le remboursement des bons du Trésor. Herriot doit révéler qu'il a « crevé le plafond des avances » que la Banque de France peut consentir à l'État. La crise monétaire devient aussi une crise de confiance. Herriot est renversé.

D'éphémères gouvernements se succèdent alors. La crise monétaire atteint son paroxysme.

1926

Le cabinet Poincaré (23 juillet). Appelé au pouvoir pour sauver le franc, Poincaré forme un gouvernement d'union nationale, qui va des radicaux aux partis de droite. Sa présence rétablit la confiance : les capitaux reviennent. Poincaré augmente les impôts indirects, lance des emprunts, réalise des économies budgétaires, équilibre le budget et stabilise de fait le franc.

1928

La fin du Cartel (22-29 avril). La popularité de Poincaré permet aux partis de droite qui le soutiennent de gagner les élections législatives.

Le franc Poincaré (24-25 juin). Grâce au soutien des milieux financiers, Poincaré stabilise le franc au cinquième de la valeur du franc germinal d'avant-guerre. Le franc devient une valeur refuge mais les industries exportatrices sont handicapées. Dans bien des domaines, la France souffre de retards structurels. Derrière l'apparente prospérité, les premiers signes de crise apparaissent.

Novembre. Sous la conduite d'Édouard Daladier, favorable à l'union des gauches, les radicaux quittent l'union nationale et entrent dans l'opposition.

1929

La ligne Maginot. L'excédent budgétaire permet à André Tardieu, président du Conseil, de faire voter par la Chambre la construction d'une ligne fortifiée, la ligne Maginot (29 décembre). Celle-ci sera achevée cinq ans plus tard.

1931

PAUL DOUMER

L'aggravation de la crise. La crise économique mondiale et la dévaluation de la livre sterling aggravent la crise française. Celle-ci est marquée par la chute des productions agricole et industrielle, le déficit du budget de l'État et la progression du chômage.

Juin. Le radical Paul Doumer devient président de la République.

1932

ALBERT LEBRUN

Un nouveau Cartel des gauches. Aux élections législatives de mai, la gauche radicale et socialiste, unie dans un nouveau cartel, l'emporte. Paul Doumer, assassiné par un déséquilibré, le 6 mai, est remplacé par Albert Lebrun, républicain modéré, le 10 mai.

L'exploitation des colonies. Un décret du gouvernement légalise le travail forcé dans les colonies. Ce décret sera valable jusqu'en 1937.

RAYMOND POINCARÉ

◾ Le plus jeune ministre de la IIIe République

Né le 20 août 1860 à Bar-le-Duc, issu de la grande bourgeoisie lorraine et juriste de formation, Raymond Poincaré mène, avant 1914, une brillante carrière politique. Député de la Meuse (1887-1903) puis sénateur (1903-1913), il est élu à l'Académie française en 1909. Brillant orateur, il devient pour la première fois ministre à 33 ans. C'est un républicain modéré, nationaliste, sincèrement laïc, mais prudent sur la question religieuse. Cela lui vaut des sympathies au centre gauche comme à droite. Président du Conseil et ministre des Affaires étrangères (janvier 1912-janvier 1913), patriote lorrain partisan d'une politique de fermeté à l'égard de l'Allemagne, il resserre l'Entente cordiale et l'alliance franco-russe.

Portrait officiel de Raymond Poincaré, président de la République (1913-1920)

◾ Le Président de la Grande Guerre

Élu président de la République le 17 janvier 1913, malgré l'hostilité de Clemenceau et avec l'appui des voix de la droite, il continue à diriger la politique étrangère par l'intermédiaire de son homme de confiance, Barthou. Il fait voter la loi militaire de trois ans. Au cours d'un voyage en Russie, il donne au tsar des assurances formelles et des conseils de fermeté, qui lui valent le surnom de « Poincaré-la-Guerre ». Chantre de l'« Union sacrée », il domine ses préventions personnelles pour appeler au pouvoir, en novembre 1917, son vieil adversaire Georges Clemenceau. En 1920, il renonce à briguer un second mandat présidentiel.

◾ Le « sauveur du franc »

Réélu sénateur de la Meuse, Poincaré revient à deux reprises comme président du Conseil. La première fois, il décide l'occupation de la Ruhr (janvier 1923). Éliminé du pouvoir par la victoire du Cartel des gauches en 1924, il y est ramené par la spéculation financière contre le franc en juillet 1926. Il dirige alors un cabinet

d'union nationale et se consacre avant tout à la stabilisation du franc. Soutenu par les banques et les milieux d'affaires, il renonce à une réévaluation. La loi du 25 juin 1928 stabilise le « franc Poincaré » au cinquième de sa valeur de 1914. Les législatives de 1928 sont un triomphe pour les poincaristes, mais la maladie le contraint à démissionner en juillet 1929. Poincaré se consacre alors à la publication de ses souvenirs : *Au service de la France*. Il meurt à Paris le 15 décembre 1934.

La part qu'il prit au déclenchement des hostilités de 1914 lui a valu le surnom de « Poincaré-la-Guerre ». Mais, d'une parfaite honnêteté et partisan d'une orthodoxie économique et financière, Raymond Poincaré est resté dans l'histoire celui dont on a dit : « Les propriétaires pouvaient lui confier la clef de la caisse et les purs, la garde de la République. »

PRÉHISTOIRE

ANTIQUITÉ

MOYEN ÂGE

ANCIEN RÉGIME

RÉVOLUTION

XIXᵉ SIÈCLE

XXᵉ SIÈCLE

XXIᵉ SIÈCLE

L'impuissance face à la crise

La récession n'est pas résolue. L'instabilité ministérielle, les scandales politico-financiers alimentent l'antiparlementarisme, en particulier celui de l'extrême droite, qui s'exprime le 6 février 1934. Par réflexe de défense républicaine et antifasciste, favorisé par la nouvelle tactique de l'Internationale communiste, le rapprochement des partis de gauche, en janvier 1936, débouche sur un programme de Rassemblement populaire.

1933

ALBERT
LEBRUN

La paralysie du régime. Au pouvoir depuis les élections de mai 1932, le Parti radical use ses principaux chefs sans parvenir à gouverner vraiment. La politique de déflation, soutenue par les milieux financiers, est rejetée par les socialistes qui préféreraient une dévaluation.

1934

L'affaire Stavisky (8 janvier). L'escroc Stavisky est découvert mort. La presse de droite et d'extrême droite fait de son « assassinat » une machine de guerre contre les radicaux.

La journée du 6 février. Les ligues d'extrême droite choisissent de manifester le jour où Édouard Daladier, radical, doit être investi à la Chambre. Elles se heurtent aux forces de l'ordre qui tirent : 15 morts, 900 blessés. Daladier préfère démissionner.

La montée d'un front populaire. L'émeute est interprétée par la gauche comme un coup d'État fasciste. Le 12 février, deux manifestations organisées par la CGT et la CGTU fusionnent aux cris de : « Unité, unité ! »

Un comité de vigilance des intellectuels antifascistes (Aragon, Gide, Malraux) est créé sous la direction d'un radical, d'un socialiste et d'un communiste (3 mars).

La stratégie communiste. Tirant les leçons de l'arrivée au pouvoir de Hitler (favorisée par la division des partis de gauche en Allemagne), en mai, l'Internationale communiste s'oriente vers la stratégie des « Fronts populaires ». L'ennemi prioritaire n'est plus le socialiste (dénoncé autrefois comme social-traître), mais le fasciste. Le 23 juin, la conférence du PC propose à la SFIO un pacte d'unité d'action.

27 juillet. Un premier pacte d'unité d'action est établi entre la SFIO et le PC. Maurice Thorez, secrétaire général du PCF, est chargé d'appliquer la nouvelle ligne de l'Internationale communiste : pour lutter contre le fascisme, les communistes doivent se rapprocher des partis démocratiques.

1935

Le 14 juillet unitaire. 500 000 manifestants défilent de la Bastille au cours de Vincennes derrière Thorez, Blum et Daladier.

Les décrets-lois Laval. Le 16 juillet, Laval, président du Conseil, commence une politique de déflation rigoureuse. Pour réduire le déficit du budget et provoquer une baisse générale des prix, il décide d'une réduction de toutes les dépenses de l'État (y compris les traitements des fonctionnaires, de 10 %). Cela amènera bien des hésitants à voter pour la gauche.

1936

Le programme du Rassemblement populaire. Le 12 janvier, autour du slogan « Le pain, la paix, la liberté », un accord de désistement entre les candidats des divers partis de gauche est conclu pour le second tour des élections du printemps 1936. En mars, cette entente est complétée par la réunification syndicale, la CGTU rejoignant la CGT.

LA RÉPUBLIQUE DÉSTABILISÉE

◼️ La crise politique

Au début de l'année 1934, un scandale politico-financier déclenche une crise de régime. L'escroc Alexandre Stavisky a bénéficié de complicités au sein du Parti radical alors au pouvoir. Le 8 janvier, Stavisky est trouvé mort – suicidé, dit-on – par la police qui cerne sa villa. La presse de droite parle d'assassinat. Les manifestations organisées par l'Action française et les Jeunesses patriotes contraignent le radical Chautemps à la démission. Daladier, radical lui aussi, lui succède. Il est décidé à faire toute la lumière sur l'affaire et à réprimer l'agitation des ligues d'extrême droite.

◼️ La manifestation du 6 février

Les ligues d'extrême droite choisissent le 6 février, date de présentation du nouveau gouvernement à la Chambre, pour manifester contre Daladier, qui a renvoyé le préfet de police Chiappe, jugé trop tolérant envers ces ligues. Des associations d'anciens combattants sont également présentes. De 19 heures à minuit, une foule hostile se heurte aux forces de l'ordre. Celles-ci tirent pour défendre l'accès à la Chambre des députés. Le bilan officiel est de 15 morts et de 900 blessés.

◼️ Le spectre du fascisme

Le 7 février, malgré la majorité dont il dispose à la Chambre, Daladier démissionne face à l'agitation de la rue. L'ancien président de la République Gaston Doumergue, radical modéré, revient de sa retraite pour former un cabinet d'union nationale appuyé sur les radicaux et la droite. Celle-ci revenant au pouvoir, l'agitation entretenue par les ligues cesse. La majorité de gauche, en place depuis 1932, a donc éclaté. Pour répondre à ce qu'ils estiment être une « menace fasciste », les militants de gauche organisent des contre-manifestations et réclament de leurs partis l'unité d'action antifasciste.

Première arrestation d'Alexandre Stavisky, en juillet 1926 : gravure pour la 4ᵉ du *Petit Journal illustré*, n° 1859

Simple manœuvre d'intimidation, semble-t-il, le 6 février n'est ni un putsch ni une véritable tentative de renversement du régime, du moins pour la majorité des manifestants. La mobilisation des gauches contre ce que celles-ci ressentent comme une « menace fasciste » fait cependant du 6 février un événement déterminant dans l'histoire politique des années 1930.

PRÉHISTOIRE
ANTIQUITÉ
MOYEN ÂGE
ANCIEN RÉGIME
RÉVOLUTION
XIXᵉ SIÈCLE
XXᵉ SIÈCLE
XXIᵉ SIÈCLE

La victoire du Front populaire

Aux élections d'avril-mai 1936, le Front populaire (alliance électorale des socialistes, radicaux et communistes) obtient la majorité absolue à la Chambre. Les socialistes étant les plus nombreux, leur leader, Léon Blum, forme un gouvernement qui prend une série de mesures sociales sans précédent en France.

1936

ALBERT
LEBRUN

La victoire électorale. Les législatives (26 avril-3 mai) marquent la victoire du Front populaire qui, au second tour, rassemble 369 députés contre 236 à droite. Affaibli, le Parti radical se trouve cependant en position charnière : sans lui, pas de majorité.

Le cabinet Blum. Le 4 juin, Léon Blum forme le gouvernement avec des socialistes et des radicaux. Les communistes apportent leur soutien mais ne participent pas. Trois femmes sont sous-secrétaires d'État alors que les femmes n'ont pas le droit de vote, le Sénat s'y étant toujours opposé.

Les accords Matignon (7 juin). Tandis qu'une vague de grèves touche près de 2 millions de salariés, Léon Blum réunit les représentants du patronat et ceux de la CGT. Les accords Matignon garantissent les libertés syndicales, instaurent des délégués élus du personnel, prévoient des augmentations de salaires de 7 à 15 %. En outre, le gouvernement favorise les conventions collectives par branches économiques.

Les grandes réformes. Par les lois des 10-11 et 20 juin, le Parlement vote 12 jours ouvrables de congés payés annuels et limite à 40 heures la durée de la semaine de travail. En août, la scolarité obligatoire passe de 13 à 14 ans. Le ministre de l'Éducation nationale Jean Zay jette les bases du CNRS, du festival de Cannes, de l'ENA. Blum crée l'Office du blé, qui doit régulariser le marché et fixe un prix minimum. De grands travaux sont prévus (électrification des campagnes…).

Les nationalisations. La Banque de France est quasi nationalisée. Le gouvernement Blum nationalise aussi des industries de guerre, lance un vaste programme d'équipement militaire de quatre ans, qui doit rattraper le retard français dans ce domaine. (La SNCF sera nationalisée en 1937.)

L'opposition de droite. Le Front populaire rencontre de fortes oppositions de la droite et de l'extrême droite. Depuis le début de 1936, les capitaux fuient vers la Suisse. Léon Blum est en butte à des attaques antisémites. Le ministre de l'Intérieur Roger Salengro, victime d'une campagne de presse calomnieuse, se suicide. Les ligues d'extrême droite, dissoutes, se reconstituent en partis.

Les dissensions internes. Depuis l'éclatement de la guerre civile en Espagne en juillet, et afin de ménager les radicaux et le gouvernement britannique, Blum refuse d'intervenir aux côtés des républicains espagnols. Il fait adopter par le gouvernement le principe d'une « convention internationale de non-ingérence ». 27 pays vont signer l'accord mais cette prise de position le coupe des communistes.

La politique algérienne (30 décembre). Maurice Viollette, chargé de la politique algérienne, dépose un projet de loi donnant le droit de vote à plus de 20 000 musulmans.

LES GRÈVES DE 1936

Une vague de grèves exceptionnelle

Une vague de grèves accompagne la victoire électorale du Front populaire. On compte près de 2 millions de grévistes, 9 000 occupations des lieux de travail. Le mouvement commence au Havre à l'usine Bréguet, se propage à Toulouse chez Latécoère, puis en région parisienne dans la métallurgie… Les services sont touchés à leur tour : les assurances, le commerce petit ou grand… Seul le secteur public ne suit pas. L'ambiance est festive ; l'outil de travail est respecté. On occupe le temps à jouer aux cartes, à jouer de l'accordéon… Le ravitaillement est assuré par les femmes et les enfants. Les « stars » comme Mistinguett viennent chanter pour les grévistes que soutiennent les municipalités de gauche.

L'espoir de jours meilleurs

La droite et le patronat dénoncent un complot communiste. Il est vrai que le mouvement a commencé dans les usines « taylorisées », où se pratique le travail à la chaîne, où les syndicats sont présents. Les revendications portent sur les salaires, les cadences, la liberté de faire grève. Mais les buts deviennent au fur et à mesure plus confus ; l'impulsion n'est pas venue des syndicats même si par la suite ils encadrent le mouvement. Les grèves semblent donc dans l'ensemble spontanées. Pour la philosophe Simone Weil qui a travaillé chez Alsthom et Renault auparavant, « cette grève est en elle-même une joie ».

L'apaisement du mouvement

En dépit des accords Matignon, les grèves se poursuivent et culminent le 11 juin. Les communistes appellent à la reprise. Le secrétaire du parti communiste Maurice Thorez déclare : « Il faut savoir terminer une grève dès que satisfaction a été obtenue. » Déjà le 29 mai il avait répondu à l'article du 27 mai, « Tout est possible » du socialiste révolutionnaire Marceau Pivert, que « Tout n'était pas possible ». Le mouvement s'apaise cependant début août, mais les effectifs syndicaux se sont accrus : la CGT de nouveau unie à la CGTU passe de 800 000 à 4 millions de membres à la fin de 1936. Les grèves ont aussi souligné l'implication des femmes et renouvelé les rapports dans le monde du travail.

> Grèves de masse mais non grève générale, les grèves de 1936 sont, fait exceptionnel, ponctuées par l'occupation des lieux de travail dans 70 % des cas. Elles représentent un mouvement de joie et de libération, largement spontané, du moins dans ses débuts. Elles accompagnent d'importantes réformes sociales, déclenchent une vague de syndicalisation et modifient le mouvement social.

Grève aux usines Renault en 1936

PRÉHISTOIRE

ANTIQUITÉ

MOYEN ÂGE

ANCIEN RÉGIME

RÉVOLUTION

XIXᵉ SIÈCLE

XXᵉ SIÈCLE

XXIᵉ SIÈCLE

La fin du Front populaire

La crise économique et monétaire oblige Léon Blum à annoncer une « pause » dans les réformes. Il démissionne après le refus du Sénat, en juin 1937, de lui accorder les pleins pouvoirs financiers. Un second cabinet Blum, en mars 1938, est un échec. À partir d'avril, le gouvernement Daladier met fin définitivement au Front populaire en supprimant certaines de ses réformes et accorde la priorité au réarmement.

1937

La pause (14 février). En butte à l'hostilité de la droite et des milieux d'affaires et devant la crise financière, Blum annonce une « pause » dans les réformes. La hausse des prix a absorbé les augmentations de salaires ; la dévaluation de septembre 1936 n'a pas enrayé la fuite des capitaux.

La chute du gouvernement Blum (20 juin). Les sénateurs radicaux joignent leurs voix à celles de la droite pour refuser à Blum les pleins pouvoirs financiers et renverser son gouvernement. Blum démissionne le 21.

1938

ALBERT LEBRUN

Les cabinets radicaux. À partir de juin 1937, Chautemps dirige deux cabinets de Front populaire à direction radicale. Les socialistes ne participent pas au second. Chautemps démissionne le 9 mars 1938, en pleine crise internationale.

Le second cabinet Blum. Le 13 mars, jour de l'annexion de l'Autriche par Hitler, Blum revient au pouvoir avec un programme ouvertement socialiste : impôt sur le capital, alourdissement de l'impôt sur le revenu, amorce d'un contrôle des changes. Le Sénat refuse une seconde fois les pleins pouvoirs en matière financière (8 avril). Ainsi s'achève l'expérience du Front populaire.

Le retour des radicaux. Le 10 avril, Daladier constitue un ministère à direction radicale appuyé sur la droite modérée et sans les socialistes. Il présente son gouvernement comme un « gouvernement de Défense nationale » et reçoit du Parlement l'autorisation de procéder par décrets-lois. Une nouvelle dévaluation est décidée en mai afin d'aligner les prix des produits français sur les prix mondiaux et de relancer l'activité industrielle.

Les accords de Munich (30 septembre). À Munich, Daladier signe, avec Hitler, Mussolini et l'Anglais Chamberlain, l'annexion par l'Allemagne nazie d'une partie de la Tchécoslovaquie, pourtant alliée de la France. Le PC critique le gouvernement, coupable à ses yeux de trahir l'idéal antifasciste du Front populaire ; les socialistes se résignent à approuver les accords. « Munichois » pacifistes et « antimunichois » s'opposent.

La fin des réformes du Front populaire. Paul Reynaud, ministre des Finances, gouverne par décrets-lois : abandon de la semaine de 40 heures, réduction du tarif des heures supplémentaires, étalement des congés payés.

La grève générale organisée par la CGT le 30 novembre est un échec. Le gouvernement Daladier l'a fait échouer par la menace et la réquisition. Une répression sévère s'abat sur les militants ouvriers.

L'affaire de Clichy (16 mars). De violents affrontements opposent des militants de gauche et de droite. Une fusillade éclate, faisant 5 morts et plus de 200 blessés.

L'ESPRIT DE 36

■ La découverte du temps libre

Les accords Matignon ont amélioré les conditions de travail, la semaine de travail n'est plus que de 40 heures mais l'acquis le plus emblématique du Front populaire reste les congés payés. Pour la première fois, les ouvriers ont droit à des vacances et touchent quand même leur plein salaire ! Ils prennent le train grâce aux billets à prix réduits (40 %) et ce sont aussi des milliers de bicyclettes et de tandems qui, dans une atmosphère joyeuse, partent sur les routes. C'est « l'embellie, l'éclaircie dans les temps difficiles » (Léon Blum).

■ Une immense espérance

« Allons au-devant de la vie » : ces paroles de l'hymne du Front populaire (musique de Chostakovitch) invitent à toutes les espérances. On les chante dans les auberges de jeunesse créées par Léo Lagrange, à la tête du nouveau sous-secrétariat d'État aux Sports, à la Culture et aux Loisirs, rattaché à la Santé. Les auberges, déjà au nombre de 400 en décembre 1936, sont patronnées par des clubs de loisirs. Des stades sont mis en chantier, Jean Zay institue le Brevet sportif populaire. Les bibliothèques populaires sont encouragées ; les théâtres et les musées offrent des prix réduits. L'objectif est de mettre la culture à la portée de tous.

De toutes les mesures en faveur des salariés, la réforme la plus mythique, et qui n'a jamais été remise en cause, est l'octroi des congés payés annuels. Honnis par la droite, synonymes de dignité et de liberté retrouvées, ils attestent de l'idéal humaniste qui a été celui du premier gouvernement Blum. C'est en grande partie à travers eux que le Front populaire reste un moment fort de la mémoire de l'histoire de France.

■ Un moment clé de la mémoire nationale

Le Front populaire a fait naître bien des mythes. Pour la droite, Lagrange dirige le « ministère de la Fainéantise » et les « salopards en casquette » ont menacé l'ordre social et conduit à la guerre. Pourtant, le budget de l'armement a été plus important que celui des réformes sociales. À gauche, c'est le mythe des millions de Français découvrant la mer. Il y eut en fait 600 000 départs en 1936, et le plus souvent pour peu de jours et sur de courtes distances. Mais le Front populaire demeure une référence que la mémoire nationale fait revivre dans les crises ou les temps forts de l'histoire, la Résistance, la Libération, mai 1968, 1981…

Les premiers congés payés. « Chaque fois que [...] j'ai vu les routes couvertes de [...] tandems [...], j'avais le sentiment d'avoir malgré tout apporté une embellie, une éclaircie dans des vies difficiles, obscures. » (Léon Blum)

PRÉHISTOIRE

ANTIQUITÉ

MOYEN ÂGE

ANCIEN RÉGIME

RÉVOLUTION

XIXᵉ SIÈCLE

XXᵉ SIÈCLE

XXIᵉ SIÈCLE

La marche à la guerre

Affaiblie par les effets de la crise économique, moralement divisée, isolée diplomatiquement et ne possédant qu'une stratégie défensive, la France est mal préparée au conflit, qui commence en septembre 1939. Après dix mois de « drôle de guerre », la France est envahie et Paris investi. Devenu président du Conseil le 16 juin 1940, le maréchal Pétain signe l'armistice le 22.

1939 **Le recul des pacifistes.** En mars, l'invasion de la Tchécoslovaquie par Hitler fait évoluer la diplomatie française vers davantage de fermeté vis-à-vis des dictatures. Les « munichois » deviennent minoritaires.

La mobilisation française. Après l'invasion de la Pologne par l'Allemagne, la France mobilise le 1ᵉʳ septembre et décrète l'état de siège.

La déclaration de guerre. Le 3 septembre, quelques heures après le Royaume-Uni, la France déclare la guerre à l'Allemagne. Les communistes, bien qu'ils aient voté les crédits de guerre, soutiennent le pacte de non-agression signé en août entre Hitler et Staline. Le PCF est dissous ; Maurice Thorez, mobilisé, déserte et se réfugie à Moscou.

La stratégie défensive. La Pologne est défaite en 15 jours par le Blitzkrieg, la guerre éclair. L'armée française s'abrite derrière la ligne Maginot.

1940 **La « drôle de guerre ».** 1ᵉʳ mars. Les premières mesures de rationnement apparaissent. Le 20 mars, Paul Reynaud, représentant de la droite modérée, remplace Daladier, jugé trop attentiste. Dix mois de « drôle de guerre », et d'inaction, démoralisent l'armée française. Seules des opérations périphériques (ainsi en Norvège) sont menées avec le Royaume-Uni.

L'invasion. Hitler attaque le 10 mai. Il vient d'envahir les Pays-Bas et la Belgique. Les divisions allemandes percent le front à l'ouest de Sedan (là où s'arrête la ligne Maginot !). Elles remportent la Bataille de France et atteignent la Manche en une semaine, isolant 600 000 Français et Anglais à Dunkerque.

10 juin. L'Italie déclare la guerre à la France.

L'exode. C'est la débâcle et l'exode des civils qui fuient l'envahisseur. Plus de six millions de personnes errent sur les routes, vers le sud.

Paris occupé (14 juin)**.** Les troupes allemandes entrent dans la capitale.

L'armistice. Le 16 juin, Paul Reynaud démissionne ; il est remplacé par son ministre de la Défense nationale Pétain, qui impose l'armistice au gouvernement divisé et réfugié près de Tours puis à Bordeaux. L'armistice est signé le 22 juin : le pays est aux deux tiers occupé, coupé en deux zones par la ligne de démarcation, infranchissable sans autorisation allemande. La France doit payer un lourd tribut journalier. 1 600 000 hommes sont prisonniers en Allemagne.

L'appel du général de Gaulle. Le 18 juin, le général de Gaulle, sous-secrétaire d'État à la Guerre et à la Défense nationale, alors inconnu du grand public, lance de Londres un appel à la résistance.

L'APPEL DU 18 JUIN 1940

■ L'appel historique

Le 18 juin 1940, à 20 heures, au micro de la BBC, le général de Gaulle invite « les officiers et soldats français qui se trouvent en territoire britannique ou qui viendraient à s'y trouver [...] à se mettre en rapport avec lui ». Ce premier appel à la résistance extérieure s'adresse aux militaires français pour que, dans une guerre que de Gaulle pressent mondiale, tous continuent le combat au côté de l'Empire britannique. Peu de Français captent ce message.

■ L'homme du 18 Juin

Né en 1890, le colonel de Gaulle commande la 4e division de chars aux environs d'Abbeville en mai 1940 ; le 25 mai, il est promu général de brigade à titre temporaire. Le 5 juin, il est nommé par Paul Reynaud sous-secrétaire d'État. Le 17, après la constitution du gouvernement Pétain, il décide de s'exiler à Londres. Il n'a alors plus de fonction gouvernementale, ni de commandement. Mais le Premier ministre britannique Churchill met la BBC à sa disposition.

■ Les appels du général

L'appel du 19 juin a une portée plus large que celui du 18. De Gaulle s'adresse « à tout Français qui a encore des armes » et qui « a le devoir absolu de continuer la résistance », avec une attention particulière « à l'Afrique du Nord intacte ». Un troisième appel, le 22 juin, est étendu « aux soldats, marins, aviateurs où qu'ils se trouvent actuellement ». Après l'armis-

A TOUS LES FRANÇAIS

La France a perdu une bataille !
Mais la France n'a pas perdu la guerre !

Des gouvernants de rencontre ont pu capituler, cédant à la panique, oubliant l'honneur, livrant le pays à la servitude. Cependant, rien n'est perdu !

Rien n'est perdu, parce que cette guerre est une guerre mondiale. Dans l'univers libre, des forces immenses n'ont pas encore donné. Un jour, ces forces écraseront l'ennemi. Il faut que la France, ce jour-là, soit présente à la victoire. Alors, elle retrouvera sa liberté et sa grandeur. Tel est mon but, mon seul but !

Voilà pourquoi je convie tous les Français, où qu'ils se trouvent, à s'unir à moi dans l'action, dans le sacrifice et dans l'espérance.

Notre patrie est en péril de mort.
Luttons tous pour la sauver !

VIVE LA FRANCE !

GÉNÉRAL DE GAULLE

QUARTIER-GÉNÉRAL,
4, CARLTON GARDENS,
LONDON, S.W.1.

Affiche apposée à Londres le 3 août 1940 et résumant l'appel du 18 Juin. Elle sera parachutée en France par les Anglais et distribuée clandestinement.

tice, de Gaulle veut constituer un comité national. Le 28 juin, ses appels réitérés n'ayant réussi à rallier aucun des grands chefs militaires, ni aucun territoire de l'Empire, le gouvernement britannique reconnaît en Charles de Gaulle « le chef des Français libres ».

Peu et mal entendu sur le territoire national, l'appel du 18 Juin marque la naissance difficile d'une résistance extérieure : la France libre. L'appel va pourtant avoir un écho certain, plus tard amplifié par une guerre des ondes régulière sur la BBC.

Le 18 juin, à Londres : Charles de Gaulle lance son premier appel aux Français. De Gaulle fut d'abord une voix, celle de la Résistance, avant de devenir un visage.

PRÉHISTOIRE
ANTIQUITÉ
MOYEN ÂGE
ANCIEN RÉGIME
RÉVOLUTION
XIXᵉ SIÈCLE
XXᵉ SIÈCLE
XXIᵉ SIÈCLE

La France occupée (l'État français)

Le maréchal Pétain reçoit les pleins pouvoirs le 10 juillet 1940 et engage la France dans la collaboration. Installé en « zone libre » à Vichy, il crée l'État français et entreprend la « révolution nationale », politique réactionnaire et antisémite. De Gaulle, depuis Londres, appelle à la résistance extérieure et crée la France libre. En France, la résistance active reste longtemps minoritaire. Le 11 novembre 1942, les Allemands occupent la zone libre.

1940

PHILIPPE PÉTAIN

L'État français. Le 10 juillet, à Vichy, députés et sénateurs votent, par 569 voix contre 80, les pleins pouvoirs au maréchal Pétain. Le 11, celui-ci se nomme lui-même chef de l'État et promulgue les trois premiers actes constitutionnels fondant l'État français. La Chambre et le Sénat sont suspendus.

Le régime de Vichy restaure les valeurs traditionnelles (« Travail, Famille, Patrie »). Un service civil de neuf mois dans les « chantiers de jeunesse » est créé pour les jeunes de la zone sud. Les grandes confédérations syndicales, ouvrières et patronales sont supprimées (novembre). Des « familles » professionnelles vont être constituées, en fait dominées par le patronat.

La politique antisémite. Dès le 3 octobre, Vichy a institué un premier statut des Juifs, qui exclut ceux-ci de nombreuses professions (enseignants, hauts fonctionnaires, journalistes…) ainsi que des entreprises qu'ils possèdent.

L'entrevue de Montoire (24 octobre). Rencontrant Hitler à Montoire-sur-le-Loir, Pétain convient d'une collaboration politique. Son message du 30 octobre incite les Français à entrer dans la voie de la collaboration d'État.

1941

L'aggravation des mesures antisémites. Un Commissariat général aux questions juives est créé le 29 mars. En mai, des milliers de Juifs sont arrêtés. En juin, un second statut des Juifs instaure un recensement obligatoire.

La centralisation. L'autorité de l'État est renforcée par la création de 15 préfectures régionales (avril). Les maires et conseillers municipaux des villes de plus de 2 000 habitants sont nommés et non plus élus.

1942

Le procès de Riom. Début, en février, du procès destiné à juger les hommes politiques du Front populaire tels Édouard Daladier ou Léon Blum, « responsables » de la guerre et de la défaite.

La collaboration s'amplifie. Elle est orchestrée par Laval, ancien vice-président de Pétain, renvoyé en décembre 1940, et rappelé en avril sous la pression des Allemands, comme chef du gouvernement.

La Rafle du Vél d'Hiv. En mai, le port de l'étoile jaune est obligatoire. La police française est mise à la disposition des nazis pour « rafler les Juifs » : les 16 et 17 juillet, 12 884 Juifs sont arrêtés par 10 000 gendarmes et policiers français, parqués au vélodrome d'Hiver à Paris puis déportés dans les camps. Au total, 76 000 Juifs ont été déportés depuis la France vers les camps d'extermination. Seuls 3 % en revinrent.

L'occupation totale. Le 11 novembre, les Allemands envahissent la zone sud pour riposter au débarquement anglo-américain en Afrique du Nord. Le 27 novembre, la flotte française se saborde à Toulon pour échapper aux Allemands.

OCCUPATION ET RÉSISTANCE

◼️ Les multiples formes de la collaboration

La collaboration d'État est demandée par Pétain, dans l'illusion d'obtenir des allègements de l'Occupation. L'Allemagne peut ainsi prélever des matières premières, des denrées alimentaires, du matériel de guerre... La collaboration est aussi policière, en particulier contre les Juifs. Par ailleurs, des grands patrons industriels et des banques ont collaboré. À Paris, surtout, a aussi existé une collaboration idéologique, celle des collaborationnistes : une minorité, mais certains sont allés se battre contre l'URSS aux côtés des Allemands.

◼️ Une résistance duale

Pour la résistance extérieure, l'appel du 18 Juin est un moment essentiel mais le regroupement ne s'est fait que progressivement autour de de Gaulle. Le 24 septembre 1941 est créé le CNFL ou Conseil national des Français libres dont la BBC transmet les messages. Les FFL ou Forces françaises libres se battent au côté des armées alliées.

La résistance intérieure, d'abord diffuse et isolée, se structure peu à peu. Des réseaux, mouvements et maquis se constituent. Les résistants ont des origines diverses, politiques, syndicales, confessionnelles... Les communistes forment le Front national dont les FTP ou Francs-Tireurs et Partisans sont la force armée. Les actions vont du sabotage au renseignement, en passant par la fabrication de faux papiers...

Il existe aussi une forme de résistance au quotidien où l'on aide un parachutiste allié..., mais le nombre de résistants authentiques ne dépasse pas 400 000 personnes.

◼️ L'unification des résistances

L'unification se réalise peu à peu. Le 27 mai 1943, Jean Moulin, envoyé par le général de Gaulle à Paris, fonde le CNR, Conseil national de la Résistance ; celui-ci regroupe 8 mouvements de résistance, 2 confédérations syndicales, 6 tendances politiques dont les communistes. Le 3 juin 1943 est créé le CFLN, Comité français de libération nationale qui associe la France libre et la résistance intérieure ; il se veut l'autorité légitime de la France et se transforme le 2 juin 1944 en GPRF, Gouvernement provisoire de la République française. Les combattants de la résistance intérieure, réunis en FFI (Forces françaises de l'intérieur), sont placés sous son autorité. La libération du territoire est assurée par les Alliés mais aussi par les forces de la Résistance, en particulier à Paris.

D'État ou individuelle, la collaboration est économique, politique ou idéologique. Collaborateurs et collaborationnistes entendent profiter de l'Allemagne ou construire avec elle l'Europe imaginée par les nazis. Les résistants refusent justement cet ordre nazi ; venus d'horizons divers, ils s'unissent peu à peu et veulent reconstruire la démocratie après guerre.

Jean Moulin (1899-1943) : ancien préfet, démis par le maréchal Pétain en novembre 1940, il rejoint la Résistance.

La France libérée

Alors que le régime de Pétain intensifie la collaboration avec les nazis, à l'intérieur, les groupes résistants fusionnent avant de constituer le Conseil national de la Résistance (CNR), sous la présidence de Jean Moulin. De Gaulle, peu à peu reconnu seul chef de « la France combattante », prend la tête du Gouvernement provisoire de la République française. La Résistance, unie, participe activement à la libération du pays.

1943

PHILIPPE PÉTAIN

Janvier. Darnand crée la milice française pro-nazie qui conduit la chasse aux résistants.

Le STO (16 février). Le Service du travail obligatoire en Allemagne est institué pour les jeunes Français de 21 à 23 ans. Le refus du STO entraîne de nombreux jeunes gens vers les maquis (Ain, Vercors…) de la Résistance.

Le CNR. Le 27 mai, sous la présidence de Jean Moulin, envoyé du général de Gaulle, se tient à Paris la première réunion du Conseil national de la Résistance (CNR). S'y retrouvent des délégués de tous les mouvements de résistance, des partis politiques, de la CFTC et de la CGT.

Les FFI (29 décembre). Les combattants de la Résistance en métropole se regroupent dans les Forces françaises de l'intérieur, sous les ordres du général Kœnig.

1944

La préparation de l'après-guerre. Le 15 mars, le CNR élabore un programme de réformes économiques et sociales pour l'après-guerre. Formé à Alger le 3 juin 1943, reconnu en août par les Alliés, le Comité français de libération nationale (CFLN), dans lequel sont entrés des communistes, prend le titre de « Gouvernement provisoire de la République française » ou GPRF.

Les débarquements alliés. Le 6 juin, Anglais, Canadiens et Américains débarquent en Normandie. Les FFI participent aux combats de la Libération.

Plusieurs maquis sont détruits par les Allemands, qui se replient après le débarquement en Provence des troupes franco-américaines du général de Lattre de Tassigny (15 août).

Paris libéré. Le 25 août, la 2ᵉ division blindée (DB) du général Leclerc épaule l'insurrection parisienne contre l'occupant. De Gaulle, à l'Hôtel de Ville, prononce son discours devenu célèbre sur « Paris libéré ». Le 2 septembre, le GPRF s'installe dans la capitale.

La restauration de l'État. En octobre, l'autorité de l'État s'impose par l'instauration de commissaires de la République et de préfets. Le GPRF est officiellement reconnu par les Alliés. Il doit reconstruire le pays et refaire l'unité nationale.

1945

La capitulation allemande (8-9 mai). Écrasée, l'Allemagne signe, à Reims puis à Berlin, une « capitulation sans condition ». De Gaulle obtient la présence de la France, représentée par le général de Lattre.

Le procès de Pétain (23 juillet-15 août). La condamnation à mort de Pétain est commuée en détention à perpétuité.

La Sécurité sociale (4-19 octobre). Par ordonnance, le gouvernement crée la Sécurité sociale obligatoire pour tous les salariés.

Le vote des femmes (21 octobre). Pour la première fois, les Françaises participent à l'élection d'une assemblée chargée d'élaborer une nouvelle Constitution. Le PCF (159), la SFIO (146) et le Mouvement républicain populaire (150) rassemblent l'essentiel des 586 sièges de la première Constituante.

LE DÉBARQUEMENT

◼ Le jour J

Le 6 juin, dès 0 h 15, 1 662 avions et 512 planeurs larguent 15 500 hommes des 82e et 101e divisions américaines sur Sainte-Mère-Église ; dès 0 h 20, autour d'Ouistreham, 733 avions et 355 planeurs larguent 7 990 hommes des 3e et 5e brigades britanniques. Dès 5 h 30, 722 navires de guerre et 4 266 bateaux de débarquement, avec près de 200 000 hommes et des milliers de tonnes de matériel, prennent position. L'artillerie de marine entreprend le pilonnage des positions allemandes, bombardées par près de 10 000 avions. À 6 h 30, fantassins et chars d'assaut commencent à débarquer sur les plages de Normandie. L'opération *Overlord* commence.

◼ L'opération Overlord

La décision de débarquer entre l'Orne et la Vire sur des plages de sable fin en pente douce a été prise en 1943. L'opération est minutieusement préparée pendant de longs mois par le général Eisenhower afin de rassembler le matériel et d'entraîner les troupes. Un des premiers objectifs sera de construire le port artificiel d'Arromanches : les jetées seront faites de navires sacrifiés et de blocs de béton coulés, les quais d'accostage de caissons métalliques remorqués depuis l'Angleterre. Les 1er et 5 juin 1944, des messages anglo-saxons à destination de la Résistance française l'appellent à l'action immédiate.

◼ Au soir du « jour le plus long »

En dépit de l'effet de surprise, les troupes allemandes de Rommel résistent farouchement en s'appuyant sur les blockhaus du mur de l'Atlantique. Quelques heures après le débarquement, de Gaulle appelle les Français à se mobiliser. Malgré les lourdes pertes humaines, le soir du jour J, 135 000 hommes tiennent 85 km de côte. La « croûte » du système défensif côtier allemand est brisée. Mais ce n'est qu'un début : la bataille de la tête de pont durera six semaines de plus que ne le prévoyait l'opération Overlord.

La libération de la France s'est accomplie en grande partie grâce à la prodigieuse opération que fut le débarquement de Normandie, le 6 juin 1944. Le prix de la réussite est cependant lourd : 10 000 morts en un seul jour (dont 6 000 Américains), mais, au bout du plus grand débarquement de l'histoire, la fin d'une guerre totale de six ans.

Arrivée des soldats alliés sur les plages de Normandie, le 6 juin 1944

PRÉHISTOIRE
ANTIQUITÉ
MOYEN ÂGE
ANCIEN RÉGIME
RÉVOLUTION
XIXᵉ SIÈCLE
XXᵉ SIÈCLE
XXIᵉ SIÈCLE

Les débuts de la IVᵉ République

La France libérée, d'ambitieuses réformes sont engagées. Après la démission de de Gaulle en janvier 1946, la vie politique est dominée par le tripartisme (MRP, SFIO, PC). Après mai 1947, l'opposition du PCF s'ajoute à celle des gaullistes. Les gouvernements « de la 3ᵉ force » reconstruisent la France (avec l'aide américaine) dans le contexte des Trente Glorieuses mais aussi de la guerre froide et des guerres coloniales.

1945

CHARLES DE GAULLE

L'application du programme de la Résistance. Gaullistes, communistes, socialistes et démocrates-chrétiens (MRP) forment le gouvernement du général de Gaulle. Des réformes sont engagées : nationalisations (grandes banques, Renault...), vote des femmes, création de la Sécurité sociale et des comités d'entreprise, lancement de la planification confiée à Jean Monnet...

1946

FÉLIX GOUIN

GEORGES BIDAULT

LÉON BLUM

La démission du général de Gaulle (20 janvier). En désaccord avec les projets constitutionnels de l'Assemblée élue en octobre 1945, le général de Gaulle démissionne. PCF, SFIO et MRP ne s'accordent pas sur la nouvelle Constitution à donner au pays.

La naissance de la IVᵉ République. Le 13 octobre, après une première version de la Constitution, repoussée par référendum, la seconde est approuvée par un nouveau référendum. Le socialiste Vincent Auriol est élu premier président de la IVᵉ République (janvier 1947).

1947

VINCENT AURIOL

Le départ des ministres communistes (4 mai). Le socialiste Paul Ramadier, président du Conseil, révoque les ministres communistes en désaccord avec sa politique sociale et coloniale en Indochine insurgée. C'est la fin du tripartisme (PCF, SFIO, MRP). Les gouvernements dits « de la 3ᵉ force » (SFIO, MRP, radicaux et modérés) doivent combattre l'opposition des communistes et celle des gaullistes regroupés, d'avril 1947 à juillet 1952, dans le Rassemblement du peuple français (RPF).

1951

La CECA (18 avril). À l'initiative de Robert Schuman, le traité de Paris institue la Communauté européenne du charbon et de l'acier (France, Benelux, Italie, RFA) ; c'est une des premières étapes de la construction européenne.

1953

23 décembre. Les partis étalent leurs divisions : il ne faut pas moins de treize tours de scrutin pour élire René Coty second président de la IVᵉ République !

1954

RENÉ COTY

Diên Biên Phu. Le 7 mai, la défaite de Diên Biên Phu marque la fin de l'occupation française en Indochine.

Le gouvernement Mendès France (18 juin). Investi après la chute de Diên Biên Phu, le gouvernement Pierre Mendès France bénéficie du soutien de la SFIO et, pour la première fois depuis mai 1947, de la neutralité du PCF. Inaugurant un style de gouvernement personnel, Mendès France se distingue par sa volonté d'action. Il signe les accords de Genève, qui mettent fin à la « sale guerre » d'Indochine, accorde l'autonomie à la Tunisie. Mais ayant accumulé les mécontentements, il est renversé en février 1955, les radicaux ne lui pardonnant pas l'abandon du projet de CED ou Communauté européenne de défense, refusé par la Chambre des députés le 31 août.

DIÊN BIÊN PHU

La défaite de Diên Biên Phu

Noyé sous un déluge de feu depuis le 13 mars 1954, le camp retranché de Diên Biên Phu, commandé par le général de Castries, succombe au 55e jour de lutte. Les avions ne pouvant plus ni atterrir ni décoller, la garnison française, faute de munitions, doit capituler le 7 mai. Après de sanglants combats au corps à corps, les Français comptent 1 500 morts, 3 500 blessés graves et 10 000 prisonniers, dont 7 000 ne reviendront pas. Les meilleures unités du corps expéditionnaire sont décimées. En concentrant ses troupes dans la cuvette de Diên Biên Phu, le général Navarre, commandant en chef en Indochine, espérait attirer le Viêt-minh sur un terrain où il pourrait en découdre face à face. C'était compter sans la mobilisation de tout un peuple qui, par camions russes, par portage ou à bicyclette, concentra sur la cuvette une puissance de feu impressionnante (jusqu'à 2 400 mortiers !).

Le 13 mars 1954, le camp retranché de Diên Biên Phu, encerclé depuis 55 jours, tombe sous le feu d'une attaque massive du Vietminh.

La « sale guerre »

De 1940 à 1945, l'occupation japonaise de l'Indochine française encourage le mouvement de décolonisation.

Le 2 septembre 1945, le leader indochinois Hô Chi Minh proclame l'indépendance du Viêtnam. Dans sa lutte contre la présence française, le Viêt-minh, mouvement communiste et nationaliste, reçoit l'aide de l'URSS puis de la Chine communiste à partir de 1949. La France, dans le contexte de la guerre froide, freine l'avance du communisme en Asie.

De 1946 à 1954, la guérilla menée par le général Giap, dans la jungle et les rizières, épuise l'armée française. L'opinion publique se désintéresse de cette guerre lointaine et ruineuse tandis que le Parti communiste français dénonce la « sale guerre ».

Les accords de Genève, 20-21 juillet 1954

Quelques semaines après Diên Biên Phu, le gouvernement Mendès France arrache le moins mauvais accord qui ne saigne pas à blanc un corps expéditionnaire défait. Il signe la paix en Indochine : le Laos et le Cambodge obtiennent leur indépendance, le 17e parallèle sépare une zone Viêt-minh au nord d'une zone nationaliste au Sud-Viêtnam.

> Diên Biên Phu est la seule bataille rangée de l'histoire de la décolonisation. La défaite de Diên Biên Phu entraîne le retrait des troupes françaises d'Indochine. C'est aussi le signe de la fin de l'Empire colonial français.

PRÉHISTOIRE

ANTIQUITÉ

MOYEN ÂGE

ANCIEN RÉGIME

RÉVOLUTION

XIXᵉ SIÈCLE

XXᵉ SIÈCLE

XXIᵉ SIÈCLE

La fin de la IVᵉ République

La guerre d'Algérie qui commence en 1954 s'envenime très vite. Après la victoire du Front républicain aux élections de 1956, le socialiste Guy Mollet dirige le gouvernement, poursuit la construction de l'Europe et donne l'indépendance à la Tunisie et au Maroc. Mais il s'enlise dans le conflit algérien. La crise politique s'aggrave. L'insurrection algéroise du 13 mai ramène de Gaulle au pouvoir ; c'est la fin de la IVᵉ République.

1954

RENÉ COTY

« Les Fils de la Toussaint » (1ᵉʳ novembre). La guerre d'Algérie commence. Une poignée de nationalistes algériens groupés en un FLN (Front de libération nationale) déclenche l'insurrection. La France réagit par une sévère répression aux attentats de la Toussaint.

1956

Le mouvement poujadiste (2 janvier). Aux élections législatives, le mécontentement des commerçants suscite le groupe éphémère de Pierre Poujade, l'Union de défense des commerçants et artisans. L'UDCA représente les laissés-pour-compte des Trente Glorieuses mais gagne aussi des suffrages d'extrême droite hostiles au gouvernement.

Le Front républicain. Les socialistes, les radicaux et quelques gaullistes rassemblés aux législatives de janvier dans un Front républicain, sur un programme de paix en Algérie, gagnent les élections. Le président du Conseil, le socialiste Guy Mollet, accueilli par des tomates à Alger, propose un programme : « Pacification, élection, négociation », qui se heurte à celui du FLN : l'indépendance immédiate. Le FLN multiplie les attentats.

La France décolonise (mars). Le Maroc (le 7) et la Tunisie (le 20) deviennent indépendants. La loi-cadre Defferre (le 23) définit les principes de l'autonomie interne et prépare la décolonisation de l'Afrique noire et de Madagascar.

Les réformes sociales. En mai, le gouvernement engage des réformes : troisième semaine de congés payés, création du fonds de solidarité vieillesse.

1957

La bataille d'Alger. Chargé de maintenir l'ordre, le général Massu dirige la bataille d'Alger, gagnée par les « paras » en janvier.

Le traité de Rome (25 mars). Il crée l'Euratom (Communauté européenne de l'énergie atomique) et la Communauté économique européenne (CEE), véritable marché commun. La CEE vise à libérer tous les échanges dans l'Europe des Six (Belgique, France, Italie, Luxembourg, Pays-Bas, RFA).

Le contingent en Algérie. Avec le soutien des communistes, Guy Mollet instaure l'état d'urgence et envoie le contingent. Le « cancer algérien » mine la France financièrement, moralement et politiquement. Les actes de torture sont couverts par le gouvernement, qui chute le 21 mai 1957. De mai 1957 à avril 1958, l'incapacité des gouvernements à maîtriser le conflit algérien provoque une succession de crises ministérielles.

1958

La crise du 13 mai. Inquiets d'une possible négociation avec le FLN, Français et généraux d'Algérie déclenchent une insurrection et réclament la venue au pouvoir de de Gaulle, qui apparaît à beaucoup comme la seule issue devant le risque de guerre civile en France.

LE RETOUR DU GÉNÉRAL DE GAULLE

◼ À Alger, un pouvoir insurrectionnel

Le 13 mai 1958, la foule algéroise investit le siège du gouvernement général avec la complicité de la police et de l'armée. Un Comité de salut public, avec les généraux Massu et Salan, commandant en chef en Algérie, se présente devant les émeutiers. Objectif : empêcher l'investiture, à Paris, de Pierre Pflimlin, que l'on dit prêt à abandonner l'Algérie. Le 14, le général Massu réclame la venue au pouvoir du général de Gaulle.

◼ À Paris, le pouvoir légal

Depuis plus de trois ans, la France fait la guerre en Algérie et les gouvernements se succèdent en vain. Depuis le 15 avril, la France est même sans gouvernement. Pressenti le 8 mai par René Coty, président de la République, Pierre Pflimlin doit être investi le 13. La pression de la rue provoque un réflexe de dignité parlementaire : Pflimlin obtient une majorité forte. Dans la nuit du 13, les insurgés d'Alger se trouvent ainsi en face d'un gouvernement régulièrement investi de l'autorité de la République, mais le pouvoir légal ne parvient pas à maîtriser la situation : la Corse se rallie au pouvoir insurrectionnel d'Alger et, à Paris, on craint un coup d'État militaire.

◼ Le recours au pouvoir moral du général de Gaulle

Le 15 mai, de Gaulle publie une déclaration annonçant qu'il se tient « prêt à assumer les pouvoirs de la République ». Par une conférence de presse le 19, il reprend contact avec les responsables politiques et se refuse à désavouer Salan. Son communiqué du 27 mai annonce qu'il a entamé « le processus nécessaire à l'établissement d'un gouvernement républicain ». Trois initiatives qui ont en commun de s'adresser à l'opinion et de faire bas-culer la crise de régime là où de Gaulle l'attend. Le 28, Pflimlin démissionne. Le 29, devant la menace des « paras » de Massu, René Coty fait appel au « plus illustre des Français » qui, le 31, forme son gouvernement. Investi le 1er juin, le gouvernement de Gaulle reçoit, le 3, les pleins pouvoirs pour élaborer une nouvelle Constitution. La IVe République est virtuellement morte le 3 juin, après trois semaines de crise ouverte.

> Ni coup d'État ni putsch fasciste, le 13 mai n'est rien qu'une pression un peu vive de la rue sur les élus du peuple. Il vise moins le renversement de la République que le changement de Constitution. Utilisant habilement les médias, le général de Gaulle apparaît comme la seule issue pacifique et légale à la crise de régime.

Affiche de soutien au général de Gaulle pour le référendum de 1958

PRÉHISTOIRE

ANTIQUITÉ

MOYEN ÂGE

ANCIEN RÉGIME

RÉVOLUTION

XIXᵉ SIÈCLE

XXᵉ SIÈCLE

XXIᵉ SIÈCLE

La naissance de la Vᵉ République

Le général de Gaulle, qui a toujours critiqué la IVᵉ République (« régime d'assemblée, régime des partis »), veut un État fort et respecté. En septembre 1958, le projet de Constitution de la Vᵉ République est approuvé par référendum avec 79,2 % de oui. Paradoxe : favori des ultras de « l'Algérie française », c'est de Gaulle qui, en quatre ans, désengage la France. Le 18 mars 1962, les accords d'Évian mettent fin au conflit.

1958

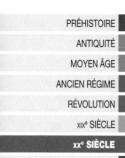

CHARLES DE GAULLE

L'investiture de de Gaulle. Investi le 1ᵉʳ juin, le gouvernement du général de Gaulle reçoit, le 3, les pleins pouvoirs pour rétablir l'ordre en Algérie et élaborer une nouvelle Constitution.

La nouvelle Constitution (28 septembre). Ratifiée à une très large majorité par référendum, elle instaure un régime parlementaire avec des aspects présidentialistes. Le gouvernement est responsable devant l'Assemblée ; élu pour sept ans, par les « grands électeurs », le président de la République nomme le Premier ministre, peut dissoudre l'Assemblée et consulter la nation par référendum.

La « paix des braves ». En octobre, le FLN, qui vient de créer le GPRA (Gouvernement provisoire de la République algérienne), refuse la proposition de paix française.

Les succès gaullistes. Les 23 et 30 novembre, les élections législatives, au scrutin uninominal majoritaire à deux tours, voient le succès des gaullistes groupés en une Union pour la nouvelle République (UNR). Élu président de la Vᵉ République, le 21 décembre, de Gaulle choisit Michel Debré comme Premier ministre.

Le nouveau franc. Pour résorber l'endettement provoqué par la guerre d'Algérie, le plan Pinay-Rueff réalise des économies budgétaires et dévalue le franc de 16,6 %. Le nouveau franc entrera en vigueur le 1ᵉʳ janvier 1960.

1959

L'autodétermination (16 septembre). Parvenu au pouvoir grâce aux partisans de « l'Algérie française », mais conscient de la lassitude de l'opinion métropolitaine, de Gaulle offre l'autodétermination aux Algériens.

1960

La Semaine des barricades (24-31 janvier). À la proposition d'autodétermination, officiers activistes et pieds-noirs ripostent par une semaine d'émeutes à Alger.

1961

Le soutien de la métropole. Le 8 janvier, un référendum approuve à plus de 75 % la politique algérienne du général de Gaulle.

Le putsch des généraux (22-25 avril). À Alger, le régime gaulliste doit affronter un soulèvement militaire que prolonge le terrorisme de l'Organisation armée secrète (OAS), partisan de « l'Algérie française ».

La répression du 17 octobre. Répression policière sanglante lors d'une manifestation organisée par le FLN à Paris.

1962

Charonne (8 février). Au cours d'une manifestation contre l'OAS, la police charge et provoque la mort de huit personnes à la station de métro Charonne.

Les accords d'Évian (18 mars). Des négociations avec le FLN finissent par déboucher sur les accords d'Évian, ratifiés à 90,7 % par référendum le 8 avril. L'Algérie obtient l'indépendance tandis qu'un million de pieds-noirs refluent en France.

LA FIN DE LA GUERRE D'ALGÉRIE

Près d'un million de pieds-noirs partent vers la métropole, dans des conditions matérielles et morales souvent difficiles.

◼ Des négociations longues et difficiles

Le 18 mars 1962, de Gaulle annonce au pays la conclusion des accords d'Évian. De son côté, Y. Ben Khedda, leader de l'aile gauche du FLN (Front de libération nationale) et président du GPRA (Gouvernement provisoire de la République algérienne), annonce, sur les antennes des radios de Tunis, Rabat, Tanger, Tripoli et Le Caire, que le cessez-le-feu prendra effet le 19 mars à midi. Ces accords – en grande partie vidés de leur contenu par la suite – constituent une étape décisive vers l'indépendance.

Commencés à Évian le 20 mai 1961, les pourparlers avec le GPRA n'aboutissent qu'après trois interruptions, la négociation finale s'engageant le 7 mars 1962 pendant que le terrorisme du FLN et celui de l'OAS (Organisation armée secrète) font rage à Alger.

◼ Les accords d'Évian

Ces accords reposent sur un double postulat : le maintien d'une forte minorité française en Algérie et l'établissement à Alger d'un pouvoir libéral garant des droits et des biens de cette minorité. À l'issue du scrutin d'autodétermination, si les citoyens d'Algérie choisissent l'association avec la France, l'Algérie indépendante et souveraine respectera les particularismes et garantira la sécurité des personnes et des biens. Les forces françaises resteront en place pendant trois ans encore. Les intérêts de la France au Sahara sont maintenus pour cinq ans.

◼ La tactique de la « terre brûlée »

La métropole approuve la signature du cessez-le-feu. Celui-ci est accueilli avec soulagement par les Algériens. Mais l'OAS veut rendre inapplicables les accords. Les attentats, le climat de haine entre les musulmans et les pieds-noirs entraînent un exode massif vers la métropole des pieds-noirs et harkis (Algériens qui ont combattu avec l'armée française et qui sont victimes de représailles). L'OAS adopte la tactique de la « terre brûlée », détruisant derrière elle les usines, les mairies, les écoles, les hôpitaux. L'Algérie, le 1er juillet, vote massivement son indépendance, proclamée le 5, dans la coopération avec la France.

Les accords d'Évian, dans le contexte de 1962, reposaient sur l'idée d'une coexistence pacifique et harmonieuse de deux communautés dans le cadre d'une Algérie indépendante. L'extrémisme de l'OAS rendit caduc le maintien d'une forte minorité française en Algérie. La radicalisation rapide de la jeune République algérienne et les confiscations qu'elle multiplia rendirent impossible la garantie des biens et des intérêts de cette minorité.

PRÉHISTOIRE

ANTIQUITÉ

MOYEN ÂGE

ANCIEN RÉGIME

RÉVOLUTION

xixᵉ SIÈCLE

xxᵉ SIÈCLE

xxiᵉ SIÈCLE

De Gaulle et le refus des hégémonies

La « question algérienne » réglée, le général de Gaulle renforce le pouvoir présidentiel. Puis il se consacre à sa « grande politique étrangère ». Guidé par « une certaine idée de la France », de Gaulle voit en la prospérité économique un moyen d'assurer la grandeur du pays. Mais il néglige les mécontentements qui se manifestent. Aussi est-il mis en ballottage lors de la première élection présidentielle au suffrage universel direct.

1962

CHARLES
DE GAULLE

Pompidou, Premier ministre. Après la fin de la guerre en Algérie, Georges Pompidou remplace Michel Debré comme Premier ministre, le 14 avril.

L'attentat du Petit-Clamart. Le 22 août, de Gaulle échappe à un attentat de l'OAS au Petit-Clamart.

L'élection du président de la République au suffrage universel. De Gaulle fait cette proposition en septembre. Le 28 octobre, à l'exception de l'Union pour la nouvelle République (UNR) et de modérés autour de Valéry Giscard d'Estaing, toutes les forces politiques refusent et votent une motion de censure. De Gaulle dissout alors l'Assemblée et le pays approuve, par référendum, la réforme constitutionnelle.

Le triomphe gaulliste. En novembre, les législatives donnent à l'UNR (233 députés) et ses alliés (Indépendants et Paysans) la majorité absolue.

1963

Le rejet de l'entrée de la Grande-Bretagne dans la CEE (14 janvier). Par souci d'indépendance militaire et diplomatique, de Gaulle s'oppose farouchement à l'entrée dans la CEE du Royaume-Uni, trop lié aux États-Unis. Il refuse une Europe supranationale ou dominée par les États-Unis.

Le traité d'amitié franco-allemand (22 janvier). Il s'appuie sur les très bonnes relations de de Gaulle et du chancelier de la RFA Konrad Adenauer.

La bombe A. Ayant doté la France d'une « force de dissuasion » (1960), de Gaulle refuse la participation à une force atomique multilatérale (5 août).

Le plan de stabilisation (12 septembre). Le IVᵉ Plan (1962-1965) prévoit un taux moyen annuel de croissance de 5,5 %, mais l'inflation est repartie. Pour briser celle-ci, Valéry Giscard d'Estaing, ministre des Finances, met en œuvre un plan de stabilisation, qui limite les crédits, bloque les prix et renforce de fait les pressions sur les salaires.

1964

Le rayonnement de la France à l'étranger. Luttant contre la « double hégémonie » (des États-Unis et de l'URSS), de Gaulle reconnaît officiellement la Chine populaire (27 janvier). Ses voyages dans le monde et ses discours donnent un tour original aux relations internationales de la France.

La CFDT. Pour mieux contrer l'influence de la CGT, la majorité de la CFTC abandonne toute référence chrétienne et devient la CFDT (Confédération française démocratique du travail). Les syndicats, en l'absence de débat politique, sont la principale force d'opposition.

1965

De Gaulle en ballotage (5 décembre). Le général se représente à la présidentielle mais, trop sûr de sa dimension historique, ne fait pas vraiment campagne. Au premier tour, il est mis en ballottage ; candidat unique de la gauche, François Mitterrand rassemble 32,3 % des suffrages exprimés.

LE DÉFI GAULLIEN

■ La construction d'une Europe politique

L'idée d'une Europe politique, dominée par la France, fait rechercher au général de Gaulle la coopération avec l'Allemagne occidentale. Dès son arrivée au pouvoir, des accords bilatéraux sont signés. Le couple franco-allemand devient la pièce maîtresse de la construction européenne. Entre le chancelier Konrad Adenauer et le général s'est nouée une amitié personnelle, une entente qui s'est renforcée au fil des mois et qui a abouti, en septembre 1962, à un voyage triomphal de Charles de Gaulle en RFA. Le 22 janvier 1963, un traité signé à l'Élysée a matérialisé cette entente et inauguré des consultations périodiques entre les deux gouvernements.

■ Le refus de la bipolarisation du monde

Défi à Washington et à Moscou, la reconnaissance de la Chine communiste s'inscrit dans la politique gaullienne de refus des hégémonies et du partage du monde en deux blocs. Le 27 janvier 1964, la France reconnaît la Chine de Mao Zedong. Après des contacts préparatoires, assurés notamment en octobre 1963 par l'ancien président du Conseil, Edgar Faure, la République populaire de Chine et la France font connaître leur intention d'établir entre elles des relations diplomatiques. À cette date, Pékin a rompu avec Moscou. Malgré nombre

de contacts et de gestes – dont les entretiens d'André Malraux, ministre d'État chargé des Affaires culturelles avec Mao à Pékin en juillet-août 1965 –, le point d'appui chinois ne donne guère de résultat.

De Gaulle s'efforce en fait de pratiquer une politique d'équilibre entre les deux blocs. Il multiplie les contacts avec les pays de l'Est (voyage à Moscou en 1966), critique les États-Unis au Viêtnam et se dégage de l'OTAN (1966), mais les soutient dans la crise de Cuba.

■ La force de dissuasion

Pour assurer l'indépendance nationale qui lui est chère, de Gaulle fait du programme nucléaire (impulsé par Mendès France en 1954) une priorité. La première bombe atomique française éclate au Sahara en février 1960, suivie par la bombe à hydrogène expérimentée en Polynésie française. Le premier sous-marin atomique français, *Le Redoutable,* est lancé en 1967.

Certain que la France a hérité d'un rôle historique de « grande puissance » et d'une mission mondiale, le général de Gaulle a conçu une force de dissuasion et cherché des appuis indispensables à une politique indépendante de son puissant allié : les États-Unis. La reconnaissance de la République populaire de Chine est un des exemples de cette politique face aux États-Unis.

Lancement du sous-marin Le Redoutable *le 29 mars 1967, à Cherbourg*

PRÉHISTOIRE

ANTIQUITÉ

MOYEN ÂGE

ANCIEN RÉGIME

RÉVOLUTION

XIXᵉ SIÈCLE

XXᵉ SIÈCLE

XXIᵉ SIÈCLE

Entre « grandeur » et contestation

Réélu président de la République, de Gaulle poursuit la politique d'indépendance et de « grandeur de la France » tandis que, dans le pays, l'expansion profite inégalement aux catégories sociales. Crise d'adaptation à la société de consommation, et crise politique, l'explosion de mai 1968 surprend le régime gaulliste. De Gaulle rétablit la situation. Mais, en 1969, il démissionne après un référendum négatif sur la réforme du Sénat.

1965

CHARLES
DE GAULLE

La réélection de de Gaulle (19 décembre). De Gaulle est réélu au second tour face à François Mitterrand, représentant unique de la gauche, qui a bénéficié des désistements des autres candidats. Le ralentissement de la croissance, les difficultés sociales et la possibilité enfin donnée aux opposants de s'exprimer à l'ORTF expliquent la baisse de popularité du général.

1966 **Le retrait de l'OTAN** (9 mars). Combattant l'hégémonie des États-Unis, de Gaulle annonce le retrait de la France du dispositif militaire intégré de l'Otan. Déjà en juin 1963, le général avait désengagé la flotte française.

Le discours de Phnom Penh. En août, lors d'un voyage au Cambodge, de Gaulle critique vigoureusement l'intervention américaine au Viêtnam. Dans son discours, il propose la neutralisation de l'Indochine.

1967 **Le recul gaulliste** (5-12 mars). Les élections législatives ne sont gagnées que de justesse par la majorité. Les 44 Républicains indépendants de Valéry Giscard d'Estaing constituent désormais un apport indispensable aux 200 élus gaullistes de l'UD-Vᵉ (Union démocratique pour la Vᵉ République).

L'Europe agricole (1ᵉʳ juillet). Entrée en vigueur du Marché commun agricole. De Gaulle accélère la réalisation de la Politique agricole commune (PAC), avantageuse pour la France.

Le malaise social. La situation économique et sociale dégradée provoque une poussée du chômage (400 000 chômeurs en 1967) et des grèves.

Les étudiants, dont le nombre a considérablement augmenté avec le baby-boom, s'inquiètent pour leur avenir.

1968 **L'explosion de mai.** L'agitation universitaire et gauchiste gagne le monde du travail : le pays entier est bientôt paralysé par 10 millions de grévistes. La crise devient politique. Prêt à quitter le pouvoir, de Gaulle se reprend et, par son discours radiodiffusé du 30 mai, rétablit la situation.

Le raz-de-marée gaulliste (23-30 juin). Les « élections de la peur » constituent un triomphe pour les gaullistes de l'UDR (Union pour la défense de la République) : 358 élus sur 485 députés !

La réforme des universités. Les enseignements supérieur et secondaire sont réformés. Les universités deviennent autonomes et interdisciplinaires.

1969 **La démission de de Gaulle** (28 avril). Cherchant à retrouver un soutien populaire direct, le général propose aux Français un référendum sur la régionalisation et la réforme du Sénat. Il fait de l'adoption de son projet la condition de son maintien au pouvoir. Le 27 avril, le « non » l'emporte nettement. De Gaulle choisit de démissionner.

MAI 1968

Affiche de mai 1968

Une du Figaro du 31 mai 1968

■ La crise étudiante

« Dans une France qui s'ennuie », les étudiants dénoncent l'université, inadaptée à l'enseignement de masse. Née à Nanterre le 22 mars, l'agitation étudiante gagne le Quartier latin, après la fermeture de la Sorbonne, le 3 mai 1968. L'intervention de la police met le feu aux poudres. Le mouvement tourne à l'émeute. L'opinion publique, devant la répression policière, prend parti pour les étudiants. Après la « nuit des barricades », les syndicats appellent à une grève de protestation. Le 13 mai, un défilé impressionnant rassemble étudiants et ouvriers.

■ La crise sociale

Nées spontanément, grèves et occupations d'usines gagnent tous les secteurs. Aux revendications habituelles sur les salaires s'ajoutent des revendications qualitatives (responsabilité des travailleurs dans l'entreprise...). Les grèves paralysent les trois quarts de l'activité nationale : près de 10 millions de grévistes le 24 mai. Dans les lycées, les facultés, sur les lieux de travail, les projets, réalistes ou utopiques, de réforme de la société de consommation s'épanouissent. Du 25 au 27 mai, le Premier ministre Georges Pompidou négocie les accords de Grenelle avec les syndicats, qui tentent de reprendre le contrôle du mouvement. Une partie de la base rejette ces accords, qui ne portent que sur les aspects matériels de la condition ouvrière (augmentation de 35 % du SMIG, réductions d'horaires...).

■ La crise politique

Le pouvoir semble vacant. Le 28 mai, François Mitterrand annonce sa candidature si de Gaulle démissionne. Prêt à quitter le pouvoir, celui-ci se ressaisit après avoir rencontré le général Massu en Allemagne et consulté l'armée. Le 30, de Gaulle s'adresse au pays à la radio et dissout l'Assemblée nationale. Le soir même, 700 000 gaullistes remontent les Champs-Élysées. Le travail reprend peu à peu. Aux élections des 23 et 30 juin, le parti gaulliste emporte la majorité absolue.

> Moment de démocratie directe ou révolution avortée ? Il y a eu beaucoup de paroles mais le pouvoir n'a pas été pris. Crise de croissance ? Certes, la société de consommation est dénoncée mais elle séduit encore beaucoup d'exclus. En fait, mai 1968 accélère l'évolution des mentalités sur le rôle des femmes (MLF), l'environnement (écologie), le travail (autogestion).

PRÉHISTOIRE

ANTIQUITÉ

MOYEN ÂGE

ANCIEN RÉGIME

RÉVOLUTION

XIXe SIÈCLE

XXe SIÈCLE

XXIe SIÈCLE

Georges Pompidou et la « nouvelle société »

Georges Pompidou l'emporte aux élections présidentielles de juin 1969. Jusqu'en 1972, le gouvernement Chaban-Delmas essaie de développer une politique contractuelle dite « de la nouvelle société ». La France accepte l'adhésion britannique à la CEE. Alors que la majorité présidentielle s'élargit à certains centristes, l'opposition de gauche s'unit. La maladie abrège le septennat de Georges Pompidou, qui meurt le 2 avril 1974.

1969

GEORGES POMPIDOU

L'élection de Georges Pompidou. Le 15 juin, Georges Pompidou, ancien Premier ministre de de Gaulle, l'emporte facilement au second tour sur une opposition divisée (le PCF prône l'abstention). Jacques Chaban-Delmas, gaulliste de la première heure, est nommé Premier ministre ; Valéry Giscard d'Estaing reçoit l'Économie et les Finances. La majorité présidentielle s'ouvre aux centristes d'opposition, tel Jacques Duhamel qui reçoit l'Agriculture.

Les gouvernements Chaban-Delmas (21 juin 1969-5 juillet 1972). Jacques Chaban-Delmas inaugure une politique contractuelle dite de « la nouvelle société » : loi sur la formation permanente, négociation entre syndicats et CNPF (Conseil national du patronat français) pour des contrats de progrès, revalorisation périodique du SMIC (salaire minimum interprofessionnel de croissance) indexé sur le coût de la vie, mensualisation des salaires…

1971

Le congrès d'Épinay (16 juin). Au congrès d'Épinay, François Mitterrand devient le premier secrétaire du Parti socialiste, qui s'est substitué en 1969 à l'ancienne SFIO, moribonde.

1972

L'élargissement de la CEE (23 avril). Georges Pompidou accepte d'élargir la CEE à l'Irlande, au Danemark et au Royaume-Uni. En cela, il rompt avec un des principes gaullistes. Les Français approuvent par référendum mais on compte 39 % d'abstentions.

Le « programme commun de gouvernement ». Il est signé le 27 juin entre le PS et le PCF, dirigé par Georges Marchais. Le programme prévoit des réformes sociales importantes et des nationalisations. Le MRG (Mouvement des radicaux de gauche) se ralliera à cet accord le 4 octobre.

Le renvoi de Chaban-Delmas (5 juillet). En désaccord avec son Premier ministre, Georges Pompidou le remplace par le gaulliste Pierre Messmer, qui se fait l'artisan d'une vigoureuse – mais controversée – politique d'industrialisation.

La fondation du Front national (23 septembre). Jean-Marie Le Pen fonde le Front national, parti d'extrême droite.

1973

La dynamique unitaire. Aux législatives de mars, « la majorité reste la majorité », mais elle s'amenuise. Le PS apparaît comme le principal bénéficiaire de l'unité de la gauche.

1974

La mort de Georges Pompidou (2 avril). La maladie du Président a été tenue secrète mais la rapidité de son issue surprend même ceux qui savaient. Conformément à la Constitution, le président du Sénat, Alain Poher, devient président de la République par intérim. Le choix du candidat de droite à l'élection présidentielle s'avère difficile. Chaban-Delmas ou Giscard d'Estaing ? La droite se présente divisée au premier tour.

LA FIN DES TRENTE GLORIEUSES

◼ De la croissance à la crise

La période des Trente Glorieuses, ainsi appelée par l'économiste Jean Fourastié, s'étend de 1946 aux années 1970 et concerne les pays industrialisés. La France connaît alors une croissance moyenne annuelle du PIB de plus de 5 %. C'est le moment du plein emploi (113 000 chômeurs officiels en 1964). La croissance est favorisée par l'avènement de la consommation de masse, résultat du baby-boom, de la hausse générale du niveau de vie, de l'État providence, du crédit plus facile. L'agriculture se modernise, les industries rationalisent la production (c'est l'époque du fordisme), le secteur tertiaire commence son essor. Mais, à partir du début des années 1970, une crise multiforme provoque l'essoufflement des Trente Glorieuses.

Manifestation pour sauver la sidérurgie

◼ Les facteurs de la crise

La croissance ne cesse pas mais est fortement ralentie (jusqu'à 2 %). Ce ralentissement est dû à un faisceau de causes, dont l'essoufflement de la consommation (les ménages se sont équipés en biens durables), la concurrence du Japon et des nouveaux pays industrialisés à main-d'œuvre bon marché, les désordres monétaires engendrés depuis 1971 par la fin de la convertibilité du dollar en or. La crise a aussi pour origine le premier choc pétrolier : en 1973. L'OPEP (Organisation des pays producteurs de pétrole) multiplie par 4 les prix du baril ; or la croissance reposait largement sur le faible prix du pétrole. Ont compté aussi, dans les origines de la crise, la hausse des coûts salariaux, l'absentéisme et les grèves dues au rejet du travail à la chaîne. Ainsi, les profits des entreprises baissent et les investissements sont moindres.

◼ Les manifestations de la crise

Les faillites se multiplient, la précarisation du travail apparaît, le chômage de masse démarre (450 000 chômeurs en 1974, soit 3 % des actifs). L'inflation repart (elle n'avait jamais disparu). La France connaît la stagflation. La fécondité est ralentie ; c'est la fin du baby-boom. L'immigration, qui avait été un des éléments de la croissance, est freinée. L'État hésite entre des politiques de rigueur (de « refroidissement » en 1974) ou des politiques de relance. Des essais d'autogestion sont tentés comme chez Lip. Des mutations importantes sont en train de s'accomplir : la baisse des emplois industriels et la tertiarisation, l'abandon partiel du dirigisme, mais aussi l'aggravation des disparités sociales.

> Plus qu'une crise, c'est en fait le ralentissement de la croissance qui se produit dans les années 1970. Des mutations sectorielles se produisent en parallèle. La société de consommation, symbole et conséquence de la croissance économique des Trente Glorieuses, est remise en cause.

PRÉHISTOIRE

ANTIQUITÉ

MOYEN ÂGE

ANCIEN RÉGIME

RÉVOLUTION

XIXᵉ SIÈCLE

XXᵉ SIÈCLE

XXIᵉ SIÈCLE

Valéry Giscard d'Estaing et la société libérale avancée

Sous le septennat de Valéry Giscard d'Estaing sont votées, entre autres, la majorité à 18 ans et la libéralisation de l'avortement. De nouveaux ministères sont créés : Qualité de la vie, Condition féminine... Mais la crise économique mondiale qui touche aussi la France s'aggrave. Austérité ou relance ? Les gouvernements Chirac et Barre hésitent. La poussée du chômage et l'inflation contribuent à la victoire de la gauche en 1981.

1974

VALÉRY
GISCARD
D'ESTAING

L'élection de Valéry Giscard d'Estaing. Le 19 mai, Valéry Giscard d'Estaing est élu (50,8 %) grâce au soutien de 43 UDR, dont Jacques Chirac, qui devient Premier ministre. François Mitterrand était le candidat unique de la gauche face à une droite divisée entre Jacques Chaban-Delmas et Valéry Giscard d'Estaing.

La « société libérale avancée » ou le « changement sans le risque » annoncés se manifestent par des mesures comme l'abaissement à 18 ans de la majorité, la légalisation de l'interruption volontaire de grossesse (loi Veil), la loi rendant le divorce plus facile, la réforme de l'audiovisuel.

Le « plan de refroidissement » (juin). Jacques Chirac lance un « plan de refroidissement » : il tente de juguler l'inflation en freinant l'activité économique par des restrictions de crédit.

1975 **L'abandon du plan** (septembre). La rigueur budgétaire fait place à la lutte prioritaire contre le chômage, mais l'inflation est relancée.

1976 **La démission de Jacques Chirac** (25 août). Il est remplacé par Raymond Barre. Le retour à l'austérité (crédit encadré, dépenses publiques et salaires comprimés) ne brise pas l'inflation ni le chômage, qui s'aggrave.

1977 **La rupture de l'union de la gauche.** Elle se produit le 23 septembre, au moment de la réactualisation du programme commun de gouvernement.

1978 **Le quadripartisme.** Grâce à la désunion de la gauche, la droite conserve la majorité. Le RPR (Rassemblement pour la République), autour de Jacques Chirac, et l'UDF (Union pour la démocratie française), qui fédère centristes et giscardiens, ont su taire leurs divergences pour l'emporter aux législatives de mars. Quatre partis dominent la vie politique : RPR, UDF, PS et PCF.

1979 **Les élections européennes** (10 juin). L'UDF arrive en tête aux premières élections au suffrage universel direct des députés du Parlement européen.

1980 **L'entrevue de Varsovie** (19 mai). Alors que l'Union soviétique vient d'envahir l'Afghanistan, Valéry Giscard d'Estaing rencontre Leonid Brejnev à Varsovie. Cette rencontre est mal perçue par l'opinion. D'autres aspects de la politique extérieure discréditent le chef de l'État : soutien, puis renversement, de Bokassa Iᵉʳ, empereur de Centrafrique...

1981 **Le premier tour de la présidentielle** (26 avril). Il confirme la bipolarisation de la vie politique : Jacques Chirac (18 %) et Georges Marchais (15,3 %) sont largement distancés par Valéry Giscard d'Estaing (28,3 %) et François Mitterrand (25,9 %).

DES AVANCÉES POUR LES FEMMES

Simone Veil, née en 1927, déportée à Auschwitz, magistrate, est ministre de la Santé en 1974.

◾ Quatre femmes ministres

En nommant quatre femmes dont une ministre à part entière, Simone Veil à la Santé, le Président Giscard d'Estaing, qui a fait campagne sous le signe du changement, marque sa volonté de promouvoir la femme dans la société française. Pour la journaliste Françoise Giroud, nommée secrétaire d'État à la Condition féminine auprès du Premier ministre, la tâche est immense. Son action doit tendre vers l'égalisation progressive des conditions de travail, des salaires, des droits et responsabilités civiques et professionnels.

◾ Des lois moins inégalitaires

La difficile conquête de l'égalité hommes-femmes se traduit par plusieurs lois. En juin 1975, le code civil reconnaît que, désormais, le lieu de domicile du couple est choisi « d'un commun accord ». En juillet, une loi institue le divorce par consentement mutuel. En 1980, la loi considère le viol comme un crime. Au plan professionnel, les salaires des femmes demeurent cependant en moyenne inférieurs de 30 % aux salaires des hommes.

◾ La maîtrise de la fécondité

Le 26 novembre 1974, après trois jours et trois nuits de débats très vifs, Simone Veil, ministre de la Santé, fait adopter son projet autorisant le recours à « l'interruption volontaire de grossesse pour les femmes en situation de détresse ». Il obtient 284 voix « pour » et 189 voix « contre ». C'est grâce aux votes des députés de gauche que le projet passe : dans la majorité, seuls 99 députés sur 292 se prononcent en sa faveur. La loi permet aux femmes de subir une IVG en milieu hospitalier dans les dix premières semaines de la grossesse et met fin à la pratique, dans des conditions souvent effroyables, des avortements clandestins. Cette loi marque une victoire des femmes sur une société masculine qui leur interdisait la libre disposition de leur corps. Une première étape avait été franchie en 1967, quand le député gaulliste Lucien Neuwirth, après avoir finalement convaincu le général de Gaulle, avait fait adopter une loi autorisant la contraception, la pilule.

> La création d'un secrétariat d'État à la Condition féminine marque une volonté de changement. Cependant, sans nier de sensibles avancées, l'égalité entre les sexes est loin d'être atteinte. Et les femmes doivent sans cesse se mobiliser pour préserver leurs acquis et revendiquer une vraie parité.

Affiche du Mouvement français pour le planning familial, en octobre 1979

Le premier septennat de François Mitterrand

Le 10 mai 1981, le socialiste François Mitterrand est élu président de la Vᵉ République. L'alternance commence. Après le vote de mesures sociales et libérales et la décentralisation, les gouvernements oscillent entre relance et rigueur. L'inflation se ralentit mais le chômage reste invaincu. La droite remporte les législatives de 1986. La première cohabitation est mise en œuvre ; elle conduit à la présidentielle d'avril-mai 1988.

1981

FRANÇOIS
MITTERRAND

L'« état de grâce ». Le 10 mai, François Mitterrand est élu avec 51,76 % des voix. Le 21 juin, les législatives donnent la majorité aux socialistes. Des communistes entrent au gouvernement. Pierre Mauroy, Premier ministre, veut réaliser le programme de la gauche, « changer la vie » : suppression des juridictions d'exception, autorisation des radios privées locales, abolition de la peine de mort (loi préparée par Robert Badinter, ministre de la Justice)...

1982

La relance par la consommation (janvier-février). Relèvement du SMIC, 39 heures de travail hebdomadaire, cinquième semaine de congés payés, retraite à 60 ans ; droits des travailleurs dans l'entreprise (lois Auroux). Des nationalisations sont réalisées.

La décentralisation (27 mars). Préparée par Gaston Defferre, la loi transfère certaines compétences et ressources aux collectivités locales.

Le choix de la rigueur. Après deux dévaluations, Jacques Delors, ministre des Finances, propose une politique dirigiste et protectionniste (juin).

1983

La politique de rigueur et d'effort (22 mars). L'expérience socialiste d'inspiration keynésienne est un échec aggravé par le deuxième choc pétrolier en 1979. Le cap des 2 millions de chômeurs est franchi. Le plan de rigueur est renforcé ; c'est la fin de « l'état de grâce ». Les relations entre socialistes et communistes se détériorent ; les municipales montrent une percée du Front national.

1984

Le projet Savary. Le 24 juin, un million de manifestants défilent en faveur de l'école privée, qu'ils estiment menacée. Le projet est retiré.

Le ministère Fabius. Premier ministre depuis juillet, Laurent Fabius poursuit la rigueur. Le PCF met fin à sa participation gouvernementale.

L'amitié franco-allemande. Elle est célébrée à Verdun, le 11 novembre, par le chancelier allemand Helmut Kohl et François Mitterrand.

1985

La réforme du mode de scrutin. Le 10 juillet, une loi instaure la proportionnelle départementale à un tour pour les législatives de 1986, à la place du scrutin majoritaire à deux tours.

1986

La cohabitation (16 mars). La droite classique RPR-UDF l'emporte. Pour la première fois depuis 1958, le Président n'a pas une majorité parlementaire favorable. François Mitterrand nomme Jacques Chirac Premier ministre : c'est la cohabitation. Jacques Chirac reprivatise, supprime l'autorisation administrative de licenciement, abolit l'impôt sur les grandes fortunes.

1988

La réélection de François Mitterrand. Le 8 mai, François Mitterrand est largement réélu (54,01 %) contre Jacques Chirac, Premier ministre sortant.

L'ÉLECTION DE FRANÇOIS MITTERRAND

François Mitterrand, la rose au poing : emblème du Parti socialiste depuis 1971

▪️ « Mitterrand Président »

Le 10 mai 1981, à 20 heures, radio et télévision apprennent aux Français l'élection de François Mitterrand, premier président socialiste de la Ve République. Après vingt-trois ans de régime gaulliste ou giscardien, la France entre dans l'ère du « changement ». À la Bastille, plus de 200 000 personnes se retrouvent pour célébrer la victoire de la gauche ; même joie débordante dans la plupart des grandes villes de province.

▪️ « Sortez les sortants ! »

Élu avec 51,76 % des suffrages exprimés, Mitterrand a su rassembler sur son nom les es-

poirs de toute la gauche et, même au-delà. Il est possible que le large recul enregistré au premier tour par Georges Marchais, candidat communiste, ait libéré une fraction de l'électorat de ses dernières craintes de voir le PCF accéder au pouvoir. Le succès de François Mitterrand doit aussi beaucoup à l'incapacité du gouvernement Barre à maîtriser l'inflation, à la montée continue du chômage, à la rivalité entre Giscard d'Estaing et son ancien Premier ministre Chirac. Plus, peut-être, que l'acceptation du programme du vainqueur, l'élection manifeste le rejet du Président sortant.

▪️ Le troisième tour des présidentielles

Après dix jours d'interrègne, Mitterrand succède à Giscard d'Estaing le 21 mai. Ce jour-là, il remonte les Champs-Élysées sous les acclamations d'une nombreuse foule, puis va s'incliner au Panthéon devant les tombes de Jean Jaurès, Jean Moulin et Victor Schœlcher. Le 22, le premier gouvernement Mauroy est constitué, l'Assemblée nationale est dissoute. Aux élections législatives des 14 et 21 juin – véritable troisième tour –, la France confirme son choix : avec 283 députés, le PS et les radicaux de gauche ont, à eux seuls, la majorité absolue. C'est la « vague rose » et, pour un temps, l'« état de grâce ». Les deux étapes du changement sont franchies.

> Dans un pays gouverné par la même majorité depuis 1958, le changement du 10 mai 1981 est vivement ressenti : avec amertume par la droite, avec enthousiasme par la gauche. L'alternance sans heurt est une confirmation de la solidité des institutions de la Ve République.

Le second septennat de François Mitterrand

Le second septennat de François Mitterrand est marqué par la situation économique et sociale que les gouvernements successifs ne parviennent pas à redresser. En revanche, la construction européenne est consolidée par le traité de Maastricht. La gauche est sévèrement défaite aux législatives de 1993. Le septennat s'achève par une deuxième cohabitation, avec pour Premier ministre le RPR Édouard Balladur.

1988

FRANÇOIS
MITTERRAND

Rocard Premier ministre. Les législatives de juin ne donnent qu'une majorité relative aux socialistes. Le Premier ministre Michel Rocard instaure le revenu minimum d'insertion (RMI) et la contribution sociale généralisée (CSG).

1989

Le bicentenaire de la Révolution (juillet). À Paris, sur les Champs-Élysées, un défilé-spectacle, retransmis dans 200 pays, attire un million de spectateurs.

« L'affaire du foulard islamique » (octobre). Trois élèves musulmanes sont exclues des cours pour avoir refusé d'ôter leur foulard dans un collège.

1990

L'opération Daguet (9 août). Pour condamner l'invasion irakienne au Koweït, François Mitterrand envoie un porte-avions dans le golfe Persique. La guerre du Golfe (1990-1991) recrée le consensus autour du Président.

1991

Une femme à Matignon. Le 15 mai, François Mitterrand nomme Édith Cresson Premier ministre.

1992

Le ministère Bérégovoy. Le 2 avril, Édith Cresson, devenue très impopulaire, est remplacée par Pierre Bérégovoy. Ce dernier ne peut endiguer la montée du chômage : le seuil des 3 millions de chômeurs est dépassé.

Le traité de Maastricht (20 septembre) est ratifié de justesse.

1993

FRANÇOIS
MITTERRAND

La deuxième cohabitation. Le PS subit une déroute aux législatives. Le RPR Édouard Balladur devient Premier ministre. Il renoue avec une politique libérale : reprise des privatisations, réforme du régime des retraites du secteur privé, lois Pasqua sur la maîtrise de l'immigration. François Mitterrand se replie sur les « domaines réservés » et se fait le gardien vigilant des « acquis sociaux ».

L'Union européenne. Le 1er janvier, le Marché unique de l'Europe des Douze fonctionne officiellement. Le 1er novembre, l'entrée en vigueur du traité de Maastricht transforme la Communauté économique européenne (CEE) en Union européenne (UE).

1994

Des projets non aboutis. Divers projets de lois sont invalidés ou rejetés par la mobilisation de la rue : ainsi, en mars, le contrat d'insertion professionnelle (CIP), qui permet d'embaucher des jeunes en dessous du SMIC, est retiré.

Le tunnel sous la Manche. Le tunnel est inauguré le 6 mai.

1995

Le premier tour des présidentielles (23 avril). Il oppose, à droite, deux candidats du même parti : le RPR Édouard Balladur à son « ami de trente ans » Jacques Chirac. À gauche, Lionel Jospin (23,30 %) brigue la succession de François Mitterrand, non sans se réserver un « droit d'inventaire ».

LES GRANDS TRAVAUX PRÉSIDENTIELS

Le centre Georges Pompidou

Une longue tradition

Les grands travaux des présidents de la République s'inscrivent dans une politique culturelle d'État, séculaire. Sous la Vᵉ République, le premier président à renouer avec la tradition est Georges Pompidou. En 1969, il annonce la création d'un centre culturel destiné aux arts modernes. Ce sera le bâtiment moderne et coloré du plateau Beaubourg à Paris, réalisé par Piano et Rogers et inauguré en 1977. Valéry Giscard d'Estaing, quant à lui, transforme l'ancienne gare du chemin de fer d'Orléans en un musée de l'art occidental de 1848 à 1914 : le 1er décembre 1986, c'est l'inauguration du musée d'Orsay.

Des ouvrages controversés

Les critiques n'ont pas manqué pour ces ouvrages exceptionnels : mégalomanie, coût exhorbitant (30 milliards au total pour la Bibliothèque François-Mitterrand) et gaspillage des deniers publics. On se hâte de terminer le chantier avant que l'opposition, au cas où elle arriverait au pouvoir, n'arrête tout ! Le parisianisme est également relevé : tous ces bâtiments sont construits à Paris. Il est clair que ce sont des ouvrages de prestige, mais pas seulement. Il y a aussi la volonté de démocratiser la culture, comme au Centre Pompidou. Nombre de ces ouvrages témoignent aussi de la recherche architecturale moderne.

« L'âge d'or des grands travaux »

Cet « âge d'or » correspond aux septennats de François Mitterrand. En 1982, il lance un programme de « grandes opérations d'architecture et d'urbanisme » et, dès lors, les chantiers vont se succéder. Le Louvre est agrandi et restauré (le ministère des Finances l'a quitté pour Bercy). Une pyramide de verre, réalisée par Peï, s'élève dans la cour Carrée. L'Opéra Bastille est inauguré en 1982, la Cité des sciences à La Villette, en 1986, l'IMA ou l'Institut du monde arabe, en 1987, l'Arche de la Défense en 1989, la Cité de la musique en 1995. L'ouvrage le plus spectaculaire est la Grande Bibliothèque, devenue bibliothèque François-Mitterrand, inaugurée en 1996 par Jacques Chirac devenu président de la République. À ce dernier, l'on doit le musée des Civilisations et des Arts premiers, quai Branly, inauguré en 1996. Sous la présidence de Nicolas Sarkozy est prévu un musée de l'Histoire de France.

> Quelles que soient leurs motivations, chaque président de la République, après de Gaulle, a tenu à laisser son empreinte dans le paysage parisien. Les ouvrages sont l'affirmation d'une certaine politique culturelle ; ils reflètent aussi le caractère propre de leurs concepteurs.

François Mitterand devant la pyramide du Louvre

Le septennat de Jacques Chirac

Le 7 mai 1995, Jacques Chirac est élu président de la République sur le thème de la lutte contre la « fracture sociale ». En avril 1997, des législatives anticipées conduisent à une cohabitation avec le socialiste Lionel Jospin, représentant de la « gauche plurielle » Des réformes sociales sont engagées mais la gauche se divise. Jacques Chirac est réélu le 5 mai 2002 grâce à un Front républicain contre le candidat d'extrême droite.

1995

JACQUES
CHIRAC

L'élection de Jacques Chirac. Le RPR Jacques Chirac est élu président le 7 mai (52,6 %), face à Lionel Jospin, candidat du PS.

La reprise des essais nucléaires. Cette reprise, le 13 juin, dans le Pacifique (essais suspendus depuis 1992), déclenche la réprobation à l'étranger.

La reconnaissance des crimes de Vichy. Lors du 53ᵉ anniversaire de la rafle du Vél' d'Hiv, le 16 juillet, Jacques Chirac reconnaît officiellement la responsabilité de la France dans les crimes commis alors par l'État français.

Le plan Juppé. En décembre, le plan Juppé de réforme de la Sécurité sociale provoque les grandes grèves de décembre qui paralysent le pays.

1996 **La suspension du service militaire obligatoire** (22 février). La conscription est remplacée par une journée d'appel à la défense.

1997 **La troisième cohabitation** (21 avril). Pour donner un « nouvel élan » au gouvernement Juppé, Jacques Chirac dissout l'Assemblée. Les législatives donnent la majorité à la « gauche plurielle », réunie autour de Lionel Jospin. En juin, celui-ci forme un gouvernement de coalition (communistes, socialistes, Verts, Mouvement des citoyens).

Les 35 heures (13 juin). Loi Aubry sur les 35 heures (mise en place en 2000).

La France « black-blanc-beur » (12 juillet). Plus d'un million de personnes sur les Champs-Élysées célèbrent la victoire de l'équipe de France de football dans la Coupe du monde.

1999 **L'immunité pénale du chef de l'État** (22 janvier). Le Conseil constitutionnel confirme que, « pendant la durée de ses fonctions », le président de la République ne peut être traduit devant la justice ordinaire pour des actes commis avant la date de son élection.

Les réformes sociales et civiles. Vote de la couverture maladie universelle (CMU), le 27 juillet. Vote du pacte civil de solidarité (PACS), le 12 octobre.

2000 **La parité.** Loi sur la parité hommes/femmes en politique (21 janvier).

La fin de la « gauche plurielle » (août). Elle se divise sur le dossier corse, sur la politique sociale, sur l'arrêt du programme des centrales nucléaires.

Le quinquennat (24 septembre). Par référendum, les Français approuvent la réduction du mandat présidentiel de sept à cinq ans.

2001 Suspension effective de la conscription, le 27 juin.

2002 **Le séisme du 21 avril.** Absente du second tour des présidentielles, après l'élimination de Lionel Jospin, la gauche appelle à voter Chirac. Le Président sortant est réélu avec 82,20 % des voix contre Jean-Marie Le Pen, candidat de l'extrême droite.

L'EXTRÊME DROITE AU SECOND TOUR DE LA PRÉSIDENTIELLE

■ L'élimination de la gauche

Au soir du 21 avril 2002, les résultats du premier tour constituent un séisme dans la vie politique française. Lionel Jospin, candidat du PS, n'obtient que 16,20 % des suffrages. Arrivé troisième derrière Jacques Chirac (19,90 %), il est devancé de 190 600 voix par Jean-Marie Le Pen (16,90 %). Or l'article 7 de la Constitution stipule, à propos du second tour, que « seuls peuvent s'y présenter les deux candidats qui se trouvent avoir recueilli le plus grand nombre de suffrages au premier tour ». Lionel Jospin est éliminé. C'est la seconde fois, avec la présidentielle de 1969, que la gauche est absente du second tour. Mais c'est la première fois que l'extrême droite y accède.

■ Un profond malaise

Deux raisons principales expliquent le mauvais score de Lionel Jospin. Le 21 février, il déclare que son projet « n'est pas un projet socialiste ». Et le 21 avril, sur seize candidats, les sept qui représentent la gauche totalisent 7,8 millions de voix (27,50 % des suffrages).

Par ailleurs, le scrutin révèle un taux d'abstention record pour une élection présidentielle (28,40 %). Avec près d'un million de bulletins blancs et nuls, 19,20 % pour l'extrême droite et 10,50 % pour l'extrême gauche, les partis dits « gouvernementaux » sont minoritaires.

En fait, les résultats du scrutin, l'importante abstention et la dispersion des voix expriment un vote protestataire. La défiance des Français est vive envers une classe politique impuissante face au chômage, aux délocalisations et au sentiment d'insécurité croissant.

■ Le sursaut républicain

Cependant, la présence de l'extrême droite au second tour provoque un sursaut républicain. Les jeunes, la presse, les intellectuels, les milieux économiques et syndicaux, tous se mobilisent dans un mouvement qui culmine le 1er mai, avec, dans tout le pays, plus d'un million et demi de manifestants anti-Le Pen. Presque toute la gauche appelle à voter Chirac au second tour. Deux semaines après avoir réalisé le plus mauvais score de tous les Présidents sortants (19,90 %), Jacques Chirac devient le Président le mieux élu de la Ve République (82,20 % des suffrages). Ce score exprime avant tout la défense des valeurs universelles de la République : l'égalité, la fraternité et la tolérance.

> Le choc du 21 avril révèle certaines fragilités de la démocratie française : émiettement des forces politiques, défiance à leur égard, importante abstention, refuge dans un vote protestataire. Mais les sursauts engendrés démontrent aussi l'attachement de l'immense majorité des Français aux valeurs fondatrices de la République.

Paris, place de la République, 14 mai 2002. Six heures durant, une foule immense dit « non » à l'extrême droite.

PRÉHISTOIRE
ANTIQUITÉ
MOYEN ÂGE
ANCIEN RÉGIME
RÉVOLUTION
XIXe SIÈCLE
XXe SIÈCLE
XXIe SIÈCLE

Le second mandat de Jacques Chirac

Le Premier ministre Jean-Pierre Raffarin met en œuvre la politique de Jacques Chirac, réélu le 5 mai 2002. Mais en 2005, les Français votent « non » au référendum sur la Constitution européenne. Le nouveau Premier ministre Dominique de Villepin et le ministre de l'Intérieur Nicolas Sarkozy engagent des réformes. Mais l'échec du CPE écarte Dominique de Villepin de la présidentielle de 2007 remportée par Nicolas Sarkozy.

2002

JACQUES
CHIRAC

Le ministère Raffarin. Les législatives de juin donnent une large majorité à l'Union pour la majorité présidentielle (UMP). Le Premier ministre Jean-Pierre Raffarin fait voter des allègements fiscaux sur les entreprises, une réforme des retraites... Nicolas Sarkozy, à l'Intérieur, mène une politique de lutte contre l'insécurité.

2003

La France s'oppose aux États-Unis (30 janvier). Jacques Chirac s'oppose à l'intervention des États-Unis contre l'Irak de Saddam Hussein sans l'aval du Conseil de sécurité de l'ONU. Moscou et Berlin soutiennent Paris.

La réforme des retraites (20 août). La réforme aligne le secteur public sur le privé (réformé en 1993 sous Édouard Balladur) en dépit de grèves et de manifestations.

2004

Le raz-de-marée socialiste (21-28 mars). Le PS enlève 21 des 22 conseils régionaux. Jacques Chirac engage Jean-Pierre Raffarin à former un troisième gouvernement. Nicolas Sarkozy est ministre de l'Économie.

Les élections européennes (13 juin). Avec près de 29 %, le PS réalise un score historique dans une UE des 15 élargie à 25 depuis le 1er mai.

2005

Le rejet de la Constitution européenne (29 mai). Le résultat du référendum (54,80 % de « non ») conduit Jacques Chirac à nommer Dominique de Villepin Premier ministre. Nicolas Sarkozy est ministre de l'Intérieur.

Le CNE. Le 2 août, une ordonnance crée le contrat nouvelle embauche (CNE). Dans les entreprises de moins de 20 salariés, tout licenciement intervenant dans les deux ans n'a pas à être justifié.

Les violences urbaines. À l'automne, des émeutes agitent les banlieues.

2006

L'échec du CPE. Le 16 janvier, Dominique de Villepin annonce la création du contrat première embauche (CPE). Devant la forte opposition, le projet est retiré.

La commémoration de l'abolition de l'esclavage. Cette commémoration a lieu pour la première fois, le 10 mai, à l'initiative de Jacques Chirac.

Ségolène Royal investie. Le 16 novembre, face à Laurent Fabius et à Dominique Strauss-Kahn, elle devient la candidate du PS à la présidentielle.

2007

L'élection de Nicolas Sarkozy. Le 14 janvier, Nicolas Sarkozy est désigné comme candidat à la présidentielle de l'Union pour un mouvement populaire (UMP). Quatre candidats dominent le premier tour (29 avril) : le centriste François Bayrou (18,57 %) et Jean-Marie Le Pen (10,44 %) sont distancés par Nicolas Sarkozy (31,18 %) et Ségolène Royal (25,87 %). La candidate du PCF, Marie-George Buffet, ne représente plus que 1,93 % des suffrages exprimés.

Le 6 mai, Nicolas Sarkozy est élu par 53,06 % des voix devant Ségolène Royal.

LE SALON DE L'AGRICULTURE, PASSAGE OBLIGÉ DES POLITIQUES

*Jacques Chirac
au 37ᵉ Salon de l'agriculture
le 27 février 2000,
lors de l'inauguration.
C'est une scène reconnue et
recherchée par les politiques.*

◼ Une tradition ancienne

Le Salon de l'agriculture est l'héritier d'une longue tradition depuis les comices agricoles des XVIIIᵉ et XIXᵉ siècles. Le second Empire fonde, en 1855, le premier Concours agricole universel et, en 1870, le Concours général agricole de Paris. Après la chute de Napoléon III, le Concours reprend jusqu'en 1914, et devient la « Semaine de l'Agriculture à Paris ». Interrompu par la Grande Guerre, il renaît en 1922, porte de Versailles, et se tient, non sans aléas, jusqu'à la fin des années trente. La « Semaine » reprend en 1950 et devient, en 1964, Salon international de l'agriculture (SIA).

◼ Un immense succès populaire

La « plus grande ferme de France » se tient la première semaine de mars. En 2011, le SIA a comptabilisé 678 732 entrées. Sur plus de 130 000 m², plus de 1 000 exposants animent cette vitrine de l'agriculture, où sont aussi présents la gastronomie, le tourisme vert (agro- et œnotourisme), l'environnement. L'ambiance est festive, avec animations, défilés des animaux… Il y a des stars, ainsi Casimir, taureau charolais de 4 ans et 1 610 kg, primé en 2011, ou la mascotte de l'année, figurant sur les affiches (en 2011, Candy, belle vache vosgienne).

◼ Une vitrine politique ritualisée

Dans une France majoritairement rurale jusqu'en 1931, les hommes politiques ont toujours logiquement fréquenté le Salon ; et ce rituel perdure. À partir de Jacques Chirac, les présidents de la République sont presque toujours présents à l'inauguration. Ces dernières années, l'affluence des politiques s'est accélérée. Le SIA devient, les veilles d'élections, une étape « obligatoire » pour les candidats. En 2011, presque tous les candidats potentiels à la présidentielle de 2012 s'y sont pressés, des communistes à l'extrême droite. Il est vrai que le Salon est un écho du contexte économique et social de la France. Les tables rondes peuvent être l'objet de discussions politiques ; le Salon est devenu un immense plateau médiatique.

Bien que les agriculteurs ne représentent qu'à peine 3 % des actifs, le Salon international de l'agriculture compte chaque année une affluence plus nombreuse. Il représente bien plus qu'une simple vitrine agricole. Les grands dossiers du moment y sont évoqués (aménagement du territoire, développement durable…).

Le quinquennat de Nicolas Sarkozy

Nicolas Sarkozy a fait campagne sur le thème de la « rupture » et promis de nombreuses réformes. Parfois qualifié d'« hyperprésident », volontariste, il n'évite pas les premières années une médiatisation très critiquée, même dans sa vie privée. Il lance de nombreux chantiers mais ses choix ne vont pas sans susciter des mécontentements. La dernière année du quinquennat est marquée par la montée de l'extrême droite.

2007

L'ouverture. Bien que les législatives de juin aient donné la majorité absolue à la droite, le Président pratique « l'ouverture ». Le gouvernement dirigé par François Fillon s'étend au centre droit et à la gauche.

La carte judiciaire (27 juin). Sa réforme supprime certains tribunaux.

La révision des dépenses publiques. La loi (en juillet) conduit à la diminution drastique du nombre de fonctionnaires.

La loi Tepa (21 août). Très controversée, elle dépénalise les heures supplémentaires, allège les droits de succession, abaisse le « bouclier fiscal ». Les impôts ne peuvent dépasser 50 % du revenu.

La loi sur la récidive. Elle institue une peine plancher.

Le service minimum. Instauré en cas de grève dans les transports et les écoles publics.

Grenelle de l'environnement. Table ronde sur l'environnement en octobre.

2008

Le traité européen de Lisbonne. Il est approuvé par le Parlement, le 8 février (le traité constitutionnel ayant été rejeté par référendum en 2005).

La vague des réformes. 13 février : création du Pôle emploi, regroupant ASSEDIC et ANPE.

21 juillet : révision de la Constitution : le président de la République ne peut dépasser deux mandats consécutifs, le Parlement reçoit de nouveaux droits.

4 août : loi de modernisation de l'économie instituant entre autres le statut d'auto-entrepreneur. Le RSA ou Revenu de solidarité active, qui remplace le RMI et l'allocation de parent isolé depuis 2007, est généralisé.

21 octobre : réforme des régimes spéciaux de retraite.

20 novembre : loi organisant une immigration « choisie ».

2009

Février. Réforme de la taxe professionnelle.

L'OTAN. Mars : la France revient dans le commandement militaire.

Octobre. Début de la réforme des lycées (carte scolaire assouplie en 2008).

2010

De nouvelles réformes. Septembre : faisant suite aux violences urbaines de juillet, nouvelle loi sur la sécurité intérieure. Novembre : en dépit d'une forte mobilisation dans tout le pays, promulgation de la réforme des retraites (62 ans au lieu de 60, avec des aménagements). Réforme territoriale créant des conseillers territoriaux.

2011

Une conjoncture difficile. 1ᵉʳ janvier : Nicolas Sarkozy, président du G20 pour 2011 et président de l'Union méditerranéenne (lancée en 2008), annonce des réformes « utiles » pour la « protection des Français » (dépendance…). Mais dans un contexte de croissance faible et de réduction des déficits publics, les sujets de polémique économiques, sociaux et culturels sont nombreux.

LE GRENELLE DE L'ENVIRONNEMENT

Extrait du site http : //www.legrenelle-environnement.fr

■■ Un débat multiparti

L'idée d'un débat sur l'environnement entre représentants de la société civile est lancée par l'écologiste Nicolas Hulot dans son Pacte écologique de 2007. Les réunions se tiennent à partir du 6 juillet 2007 entre les représentants du gouvernement, ceux du patronat, les syndicats de salariés, les collectivités locales, les ONG. Le nom de « Grenelle » est choisi à dessein afin de rappeler les accords de Grenelle en 1936. Les travaux terminés, une table ronde se déroule les 24 et 25 octobre 2007, en présence de Nicolas Sarkozy, de deux prix Nobel de la paix, Wangari Maathaï et Al Gore, ainsi que de José Barroso, président de la Commission européenne.

■■ Grenelle I, un programme ambitieux

Les 268 engagements pris en 2007 deviennent une loi générale établissant un « cadre de cohérence pour l'action publique ». C'est une loi-programme, dite Grenelle I, adoptée le 23 juillet 2009. La loi établit trois priorités : la lutte contre le réchauffement climatique, la protection de la biodiversité, la réduction des pollutions. Un Grenelle de la mer s'est tenu en parallèle. Un comité de suivi est institutionnalisé en avril 2010.

■■ Le temps des déceptions

Très vite, des critiques sont émises ; des ONG ont regretté l'absence de discussion sur le nucléaire. En mars 2010, le projet de taxe carbone est abandonné ou du moins subordonné à une initiative européenne, ce qui provoque le retrait de l'association de Nicolas Hulot. La déception la plus forte est cependant venue de Grenelle 2. Il s'agit en effet de la loi prévue pour concrétiser Grenelle I. Elle est votée le 29 juin 2010 ; la crise et l'endettement ont fait abandonner ou minimiser certains projets. Ainsi, dans les décrets d'application, l'implantation d'éoliennes est plus difficile, les crédits d'impôts pour les investissements dans les énergies renouvelables sont moins avantageux, ce qu'entérine Grenelle 3 en reprenant des lois de finance.

Effet d'annonces, puissance des lobbies industriels, réalisations mineures ou au contraire prise en compte réaliste des problèmes, le Grenelle de l'environnement est du moins le reflet des discussions autour du développement durable. Il peut être un cadre de discussion efficace, comme le demandent d'ailleurs les ONG, face aux interrogations sur le nucléaire, ravivées par la catastrophe vécue par le Japon en mars 2011.

LES ROIS DE FRANCE

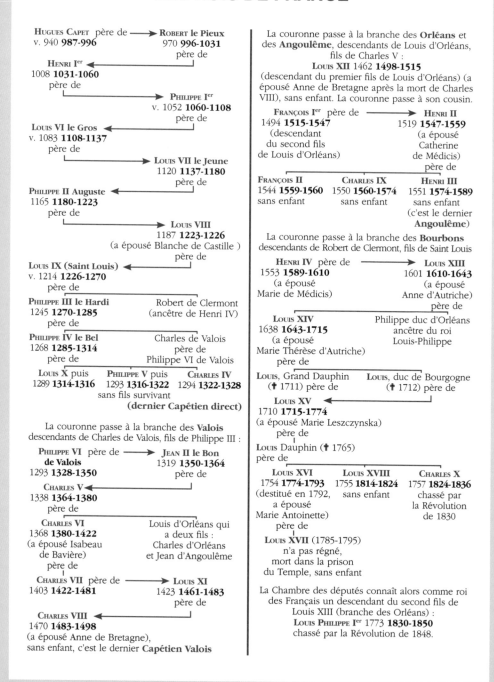

Hugues Capet père de ⟶ **Robert le Pieux**
v. 940 **987-996**   970 **996-1031**
                                           père de
Henri Iᵉʳ ⟵
1008 **1031-1060**
père de
                          ⟶ **Philippe Iᵉʳ**
                             v. 1052 **1060-1108**
                                           père de
Louis VI le Gros ⟵
v. 1083 **1108-1137**
père de
                          ⟶ **Louis VII le Jeune**
                             1120 **1137-1180**
                                           père de
Philippe II Auguste ⟵
1165 **1180-1223**
père de
                          ⟶ **Louis VIII**
                             1187 **1223-1226**
                    (a épousé Blanche de Castille)
                                           père de
Louis IX (Saint Louis) ⟵
v. 1214 **1226-1270**
père de
Philippe III le Hardi   Robert de Clermont
1245 **1270-1285**   (ancêtre de Henri IV)
père de
Philippe IV le Bel   Charles de Valois
1268 **1285-1314**   père de
père de   Philippe VI de Valois

Louis X puis   **Philippe V** puis   **Charles IV**
1289 **1314-1316**   1293 **1316-1322**   1294 **1322-1328**
sans fils survivant
(dernier Capétien direct)

La couronne passe à la branche des **Valois**
descendants de Charles de Valois, fils de Philippe III :

Philippe VI père de ⟶ **Jean II le Bon**
de Valois   1319 **1350-1364**
1293 **1328-1350**   père de
Charles V ⟵
1338 **1364-1380**
père de
Charles VI   Louis d'Orléans qui
1368 **1380-1422**   a deux fils :
(a épousé Isabeau   Charles d'Orléans
de Bavière)   et Jean d'Angoulême
père de
Charles VII père de ⟶ **Louis XI**
1403 **1422-1481**   1423 **1461-1483**
                                           père de
Charles VIII ⟵
1470 **1483-1498**
(a épousé Anne de Bretagne),
sans enfant, c'est le dernier **Capétien Valois**

La couronne passe à la branche des **Orléans** et
des **Angoulême**, descendants de Louis d'Orléans,
fils de Charles V :
Louis XII 1462 **1498-1515**
(descendant du premier fils de Louis d'Orléans) (a
épousé Anne de Bretagne après la mort de Charles
VIII), sans enfant. La couronne passe à son cousin.

François Iᵉʳ père de ⟶ **Henri II**
1494 **1515-1547**   1519 **1547-1559**
(descendant   (a épousé
du second fils   Catherine
de Louis d'Orléans)   de Médicis)
                                           père de

François II   **Charles IX**   **Henri III**
1544 **1559-1560**   1550 **1560-1574**   1551 **1574-1589**
sans enfant   sans enfant   sans enfant
                                           (c'est le dernier
                                           Angoulême)

La couronne passe à la branche des **Bourbons**
descendants de Robert de Clermont, fils de Saint Louis

Henri IV père de ⟶ **Louis XIII**
1553 **1589-1610**   1601 **1610-1643**
(a épousé   (a épousé
Marie de Médicis)   Anne d'Autriche)
                                           père de
Louis XIV   Philippe duc d'Orléans
1638 **1643-1715**   ancêtre du roi
(a épousé   Louis-Philippe
Marie Thérèse d'Autriche)
père de

Louis, Grand Dauphin   **Louis**, duc de Bourgogne
(✝ 1711) père de   (✝ 1712) père de
Louis XV ⟵
1710 **1715-1774**
(a épousé Marie Leszczynska)
père de
Louis Dauphin (✝ 1765)
père de

Louis XVI   **Louis XVIII**   **Charles X**
1754 **1774-1793**   1755 **1814-1824**   1757 **1824-1836**
(destitué en 1792,   sans enfant   chassé par
a épousé   la Révolution
Marie Antoinette)   de 1830
père de
Louis XVII (1785-1795)
n'a pas régné,
mort dans la prison
du Temple, sans enfant

La Chambre des députés connaît alors comme roi
des Français un descendant du second fils de
Louis XIII (branche des Orléans) :
Louis Philippe Iᵉʳ 1773 **1830-1850**
chassé par la Révolution de 1848.

LES CHEFS D'ÉTAT DEPUIS 1792

■ Première République
(1792-1804)

CONVENTION (1792-1795)
- Principaux membres du Comité de salut public :
- **Danton, Barère, Cambon et Treilhard.**
- Sont constamment réélus de juillet 1793 à juillet 1794 :
- **Barère, Carnot, Collot d'Herbois, Couthon, Billaud-Varennes, Héraut de Séchelles, Lindet, Prieur de la Marne, Prieur de la Côte d'Or, Robespierre, Jeanbon de Saint-André.**
- Ensuite :
- **Cambacérès, Merlin de Douai, Reubell et Sieyès.**

DIRECTOIRE (1795-1799)
- Équipe initiale :
- **Carnot, Barras, Larevellière, Letourneur et Reubell.**
- S'intègrent au fur et à mesure des départs :
- **Barthélemy, Merlin de Douai, François de Neufchâteau, Sieyès, Gohier, Ducos et Moulin.**

CONSULAT (1799-1804)
- Consuls provisoires :
- **Bonaparte, Sieyès et Ducos.**
- Puis :
- **Bonaparte**, Premier consul, et **Cambacérès** et **Lebrun**, consuls.
- **Bonaparte** est consul à vie en mai 1802.

■ Premier Empire
(1804-1815)
- **Napoléon Ier**, empereur des Français.

■ Retour du roi
(1815-1848)
- Voir chronologie ci-contre.

■ Deuxième République
(1848-1852)
- Gouvernement provisoire (formé le 24.2.1848)
- **Louis Napoléon Bonaparte** président (10.12.1848-2.12.1852)

■ Second Empire
(1852-1870)
- **Napoléon III** (2.12.1852-4.9.1870)

■ Troisième République
(1870-1940)*
- **Gouvernement de la Défense nationale** 4.9.1870-2.1871
- **Aldolphe Thiers** - 17.2.1871
- **Maréchal Patrice de Mac-Mahon** 24.5.1873 - démissionne 30.1.1879
- **Sadi Carnot** - 3.12.1887 - assassiné 24.6.1894
- **Jean Casimir-Perier** 27.6.1894 - démissionne 15.1.1895
- **Félix Faure** - 17.1.1895 - 16.2.1899
- **Émile Loubet** - 18.2.1899
- **Armand Fallières** - 17.1.1906
- **Raymond Poincaré** - 17.1.1913
- **Paul Deschanel** - 17.1.1920 - démissionne 21.9.1920
- **Alexandre Millerand** 24.9.1920 - démissionne 11.6.1924
- **Gaston Doumergue** - 13.6.1924
- **Paul Doumer** - 13.5.1931 - assassiné 6.5.1932
- **Albert Lebrun** - 10.5.1932- se retire 7.1940

■ L'État français
(1940-1944)*
- **Maréchal Philippe Pétain** - 10.7.1940-1944

■ Gouvernement provisoire
(1944-1946)*
- **Charles de Gaulle** - 2.6.1944-20.1.1946
- **Félix Gouin, Georges Bidault, Léon Blum** (1946)

■ Quatrième République
(1946-1958)*
- **Vincent Auriol** - 16.1.1947
- **René Coty** - 23.12.1953

■ Cinquième République
(1958 - ...)*
- **Charles de Gaulle** - 21.12.58 - 19.12.65 - démissionne 28.4.69
- **Georges Pompidou** - 15.6.69 - 2.4.74
- **Valéry Giscard d'Estaing** - 19.5.1974
- **François Mitterrand** - 10.5.1995
- **Jacques Chirac** - 17.5.1995
- **Nicolas Sarkozy** - 16.5.2007

* Il s'agit des dates d'élection et non des dates de prise de fonction.

LES PRÉSIDENTS DE LA IVᵉ RÉPUBLIQUE ET DE LA Vᵉ RÉPUBLIQUE

Vincent Auriol (1884-1966)

Fils de boulanger, il obtient son doctorat de droit à Toulouse, où il milite dans les rangs des étudiants socialistes. Élu député en 1914, réélu en 1918, il devient rapidement un proche de Léon Blum, qui en fait le ministre des Finances du Front populaire de juin 1936 à juin 1937. Redevenu député, il fait partie, le 10 juillet 1940, des quatre-vingts parlementaires qui refusent les pleins pouvoirs au maréchal Pétain. Il entre dans la Résistance et rejoint Londres en 1943. Député de la Haute-Garonne en 1945, il préside les deux assemblées constituantes et, en janvier 1947, il est élu, par le Congrès, au premier tour, premier président de la IVᵉ République. Il manifeste, par la suite, une opposition constante à la Vᵉ République.

René Coty (1882-1962)

Fils d'un directeur d'école privée, il devient avocat au Havre en 1902. Élu député en 1923, sénateur en 1935, il siège en tant que modéré de centre droit. Le 10 juillet 1940, il vote les pleins pouvoirs au maréchal Pétain. À la Libération, relevé de son inéligibilité pour faits de Résistance, il est membre du Conseil de la République, dont il devient vice-président en 1952. Les indépendants le désignent comme candidat à la présidence de la République en 1953. Il est élu au onzième tour. Sa présidence est marquée par la fin de la guerre d'Indochine et par le développement de la crise algérienne. À la suite des événements du 13 mai 1958 à Alger, il joue un rôle décisif dans le rappel au pouvoir du général de Gaulle.

Charles de Gaulle (1890-1970)

Fils d'un professeur d'école privée, il est admis en 1910 à Saint-Cyr. La Première Guerre mondiale lui vaut trois blessures et trente-deux mois de captivité en Allemagne. Devenu général à l'occasion des combats de mai 1940, il entre dans l'histoire avec son appel à la résistance, lancé de Londres le 18 juin. En 1944, reconnu par les Alliés comme chef du Gouvernement provisoire de la République, il dirige la France lors de la Libération, mais démissionne le 20 janvier 1946 en raison d'un désaccord sur les institutions. La crise du 13 mai 1958 à Alger le ramène au pouvoir. Il dote la France de son actuelle Constitution et règle la « question algérienne ». Après 1962, il s'emploie à restaurer la « grandeur » de la France dans le monde. Réélu en 1965, lors de la première élection au suffrage universel direct, il est mis en difficulté par la crise de Mai 1968. Il démissionne en 1969, après l'échec d'un référendum.

Georges Pompidou (1911-1974)

Fils d'instituteurs, il est brillamment reçu, en 1934, à l'agrégation de lettres. À la Libération, il entre au cabinet du général de Gaulle, qui recherche un « agrégé sachant écrire ». Sa carrière se poursuit ensuite à la banque Rothschild. De Gaulle, revenu au pouvoir, en fait son éminence grise et le nomme Premier ministre en 1962. Georges Pompidou montre des qualités d'homme d'État lors de la crise de Mai 1968 en négociant les accords de Grenelle avec les syndicats. Après la démission du général, il est facilement élu président de la République en 1969. Jusqu'en 1972, il soutient le gaullisme social de son Premier ministre, Jacques Chaban-Delmas. Il meurt en 1974.

Valéry Giscard d'Estaing (1926)

Fils d'un inspecteur des finances, il fait de brillantes études, intègre Polytechnique et l'École nationale d'administration. Élu député du Puy-de-Dôme en 1956, il devient, trois ans plus tard, secrétaire d'État au Budget. Il soutient le général de Gaulle (son « oui mais » est célèbre) et Georges Pompidou, qui en font respectivement leur ministre de l'Économie et des Finances de 1962 à 1966, puis de 1969 à 1974. À la mort de Georges Pompidou, il devient, en 1974, le plus jeune président de la Vᵉ République et fait voter d'importantes réformes de société : majorité à 18 ans, libéralisation de l'IVG… Affirmant sa volonté de gouverner au centre, il fonde en 1978 l'UDF, l'Union pour la démocratie française. Il est battu par François Mitterrand en 1981.

François Mitterrand (1916-1996)

Fils d'un agent de la compagnie des chemins de fer de Paris à Orléans, il achève ses études de droit et de sciences politiques en 1937. Fait prisonnier en 1940, il s'évade, travaille à Vichy avant de s'engager dans la Résistance et de gagner Londres, fin 1943. Élu député de la Nièvre en 1946, il devient ministre à 31 ans, en 1947, et participe à onze gouvernements de la IVᵉ République. Farouche opposant à de Gaulle, il l'affronte comme candidat unique de la gauche en 1965. Ayant pris la tête du Parti socialiste, il échoue à la présidentielle de 1974, mais réussit en 1981 et est réélu en 1988. Président pendant quatorze ans, il fait d'abord voter de grandes réformes : abolition de la peine de mort, cinquième semaine de congés payés… Les réalités économiques le conduisent ensuite à un socialisme « de rigueur » et deux défaites aux élections législatives le contraignent à des cohabitations avec des Premiers ministres de droite.

Jacques Chirac (1932)

Fils d'un cadre supérieur, il intègre Sciences politiques et l'École nationale d'administration. Entré au cabinet de Georges Pompidou en 1962, député de Corrèze en 1967, il l'assiste lors de la crise de Mai 1968. Il est ensuite ministre, sans discontinuer jusqu'en 1974, date à laquelle Valéry Giscard d'Estaing le nomme Premier ministre, à 41 ans. Vingt-cinq mois après, il démissionne et refonde le parti gaulliste sous le nom de « Rassemblement pour la République » (RPR). En 1977, il devient maire de Paris. En tant que chef de la droite qui remporte les législatives de 1986, le Président Mitterrand le nomme Premier ministre. Vaincu par François Mitterrand à la présidentielle de 1988, il gagne celle de 1995 et est réélu en 2002. En dépit de la dissolution ratée (1997) et de la victoire du « non » au référendum sur la Constitution européenne (2005), il demeure le Président qui a su dire « non » à l'intervention américaine en Irak (2003).

Nicolas Sarkozy (1955)

Fils d'un publicitaire immigré hongrois naturalisé français, il devient avocat en 1981. Il adhère au mouvement gaulliste en 1974. Élu conseiller municipal à Neuilly-sur-Seine en 1977, il en devient maire en 1983 : il a 28 ans. Élu député en 1988, il occupe, à partir de 1993, de nombreux postes ministériels, dont les Finances et l'Intérieur. Son soutien à Édouard Balladur à la présidentielle de 1995 le contraint à une traversée du désert, après l'échec de ce dernier. Jacques Chirac le rappelle cependant en 2002. Après sa prise de pouvoir au sein du nouveau parti gaulliste, l'Union pour la majorité présidentielle (UMP), Nicolas Sarkozy est investi comme son candidat en janvier 2007. Proclamant son refus de la fatalité, il remporte la présidentielle de 2007 en convainquant par son énergie et sa volonté affirmée de réformer en profondeur le pays.

LEXIQUE

acclamation : avant la réunion des états généraux, les délégués du tiers état présentent au roi leurs « humbles supplications ». Ils ne peuvent ensuite approuver, par un vote obligé, des décisions déjà prises.

aide : taxes sur la consommation de certains produits, comme le vin ou les cartes à jouer.

albigeois : de la ville d'Albi. Nom donné aux adeptes de l'hérésie cathare du XIe au XIIIe siècle.

alternance : arrivée au pouvoir d'un président de la République ou d'une majorité parlementaire représentant une orientation politique différente de celle qui a précédé.

aristocrate, aristocratie : d'un mot grec qui signifie « les meilleurs ». Gouvernement dirigé par un groupe social peu nombreux, souvent les nobles.

autodafé : cérémonie au cours de laquelle on détruit par le feu des ouvrages interdits, des hérétiques qui soutiennent une doctrine condamnée par la religion établie.

bailli : représentant du roi qui a autorité, en matière administrative et judiciaire, sur l'étendue d'une circonscription territoriale : le bailliage.

banqueroute : faillite, impossibilité pour une banque ou un État de régler ses dettes et de continuer ses paiements.

barbare : est barbare tout peuple qui est étranger à la civilisation grecque ou romaine, plus tard au christianisme.

beylicat : région soumise à l'autorité d'un bey, gouverneur ou souverain vassal du sultan ottoman. Le mot désigne aussi la fonction du bey.

biens nationaux : biens (terres, forêts, bâtiments…) appartenant au clergé et aux émigrés et mis à la disposition de la nation, c'est-à-dire confisqués par l'État et mis en vente pendant la Révolution.

blasphémateur : personne qui, par ses paroles, ses actes, insulte, outrage une religion, une divinité.

bourgeois : à l'origine, habitant d'un bourg ou d'une ville possédant certains privilèges (par une charte). Par la suite, personne possédant une certaine fortune.

capitation : impôt par tête, taxe levée sur l'individu.

carnet B : à la veille de la guerre de 1914, le ministre de l'Intérieur avait préparé, sur rapport des préfets, une liste de militants socialistes suspects de vouloir saboter la mobilisation générale par la grève. C'était là le fameux « carnet B ».

caste : groupe social fermé qui se distingue par ses activités, sa manière de vivre, ses avantages, et qui exclut toute personne étrangère à ce milieu de vie.

cathare (ou albigeois) : membre d'une secte répandue du XIe au XIIIe siècle dans le midi de la France (Albi, Toulouse, Carcassonne). Elle oppose le Bien, domaine de l'Esprit, et le Mal, domaine du monde matériel. Elle préconise une foi dépouillée et austère. L'Église condamne cette hérésie considérée comme contraire à la doctrine catholique.

cens électoral : montant minimum d'impôts directs au-dessous duquel un citoyen n'avait pas le droit de vote.

censitaire (régime ou suffrage) : système dans lequel le droit de vote est réservé aux citoyens qui paient le cens.

chambre ardente : juridiction dont la sentence est souvent la condamnation au bûcher.

chancelier : premier officier du roi, il dirige la justice, la police, l'administration et garde les sceaux.

charte : au Moyen Âge, contrat par lequel un seigneur concède des droits ou libertés à une ville dépendante de sa seigneurie.
Au XIXe siècle, lois constitutionnelles d'un État, établies par concession du souverain et non par les représentants du peuple.

chevalier : à l'origine, guerrier à cheval, puis noble censé appliquer les valeurs de la chevalerie.

cohabitation : coexistence à la tête de l'exécutif d'un président de la République et d'un Premier ministre appartenant à des courants politiques opposés.

commanderie : terre contrôlée par l'ordre du Temple. En fait, un domaine agricole ainsi appelé puisque les Templiers sont des moines soldats.

commune : ville libre, ville franche qui s'est affranchie du réseau féodal, le plus souvent en achetant au seigneur sa liberté. Ses habitants, liés par le serment communal, administrent en commun la ville.

concile : assemblée nationale ou mondiale des évêques, pour fixer la doctrine ou les règles de la discipline au sein de l'Église.

connétable : chef de l'armée royale jusqu'au XVIIᵉ siècle.

conscription : recrutement des jeunes gens « inscrits ensemble » parce qu'ils atteignent l'âge légal pour le service militaire.

Constitution : ensemble des lois fondamentales qui fixent la répartition et le fonctionnement des pouvoirs exécutif, législatif et judiciaire. Une Constitution énumère également les principes sur lesquels reposent l'État et la société.

corporation : organisation regroupant toutes les personnes (apprentis, compagnons, maîtres) exerçant la même profession selon des règlements précis et contraignants.

corvée : travail obligatoire et gratuit dû par les villages au roi (pour la construction des routes, par exemple). Travail dû par les paysans à leur seigneur trois à quatre jours par an.

cour d'appel : juridiction chargée de juger les appels contre une décision rendue par un premier tribunal.

croquant : terme méprisant qui signifie « homme de rien ». Paysan révolté au XVIᵉ-XVIIᵉ siècle.

cultuelles : associations de fidèles chargées par la loi de séparation des Églises et de l'État du 9 décembre 1905 de récupérer et de gérer les biens des paroisses après inventaire.

déflation : politique de lutte contre l'inflation consistant à restreindre la demande pour modifier l'évolution des prix.

dixième : impôt extraordinaire levé irrégulièrement de 1710 à 1749 sur les revenus de la terre et de l'industrie.

dragonnade : procédé de conversion forcée. Les dragons, des soldats, logeaient chez les protestants et s'y comportaient avec brutalité.

droit coutumier : ensemble des lois particulières à une communauté humaine et transmises de génération en génération.

édit : en France, acte législatif royal concernant un seul sujet, comme l'édit de Nantes sur le protestantisme.

états généraux : assemblée des représentants des trois ordres ou états du royaume : clergé, noblesse et tiers état. Convoqués par le roi en cas de difficultés exceptionnelles, les premiers états généraux traditionnels se réunissent en 1302, les derniers en 1789. Les premiers véritables états généraux sont ceux de 1343, qui ont institutionnalisé le monopole royal sur la gabelle (voir gabelle).

excommunication : acte qui consiste, dans l'Église catholique, à retrancher le coupable de la communauté des fidèles, en le privant des sacrements et des prières publiques.

exécutif (pouvoir) : il est chargé de faire appliquer les lois dans un pays. Le pouvoir exécutif est aux mains du gouvernement. Dans une démocratie, le pouvoir exécutif est contrôlé par le pouvoir législatif, qui peut éventuellement le renverser.

féminisme : mouvement collectif visant à améliorer la condition, la place des femmes dans la société et à lutter pour l'égalité des droits entre les hommes et les femmes.

francisque : hache de guerre, parfois à double tranchant, des Francs.

gabelle : impôt royal sur le sel, plus ou moins élevé selon les provinces.

girondins : groupe de députés de la Convention dont les principaux représentants viennent du département de la Gironde. Députés modérés liés à la riche bourgeoisie, ils dominent la Convention dans ses débuts.

guerre froide : désigne la confrontation soviéto-américaine qui a suivi la dissolution, après 1945, de la coalition antihitlérienne. Chaque camp s'affirme en employant toutes les ressources de l'intimidation, de la propagande, voire de la guerre locale, mais en étant bien déterminé à éviter de se trouver impliqué dans des opérations armées les mettant directement aux prises.

guesdiste : socialiste proche de Jules Guesde (1845-1922). Jules Guesde, député de Roubaix, fonda le Parti ouvrier français et contribua à faire connaître le marxisme en France.

Guyenne : au Moyen Âge, mot désignant les possessions françaises du roi d'Angleterre : le Limousin, le Quercy, le Périgord, l'Agenais et la Gascogne.

hébertistes : partisans d'Hébert, rédacteur du journal *Le Père Duchesne*, fondé en 1790, qui était le porte-parole des révolutionnaires extrémistes.

hospitaliers : membres de certains ordres religieux qui donnaient l'hospitalité, l'accueil, aux pèlerins et aux voyageurs.

inflation : elle intervient dans un pays lorsque la demande (achats de produits) est supérieure à l'offre (la production). Dans ce cas, les prix montent et la monnaie perd de sa valeur.

intendant : agent royal chargé depuis le xvie siècle de l'administration des provinces. Les intendants sont localement à la tête de tous les agents royaux.

Internationale : terme désignant des regroupements successifs de partis ouvriers. La Ire Internationale, fondée en 1864, à l'initiative de Marx, est dissoute en 1876. La IIe Internationale, fondée en 1889, se scinde après 1917 : elle continue à regrouper les partis socialistes,

dont la SFIO. La IIIe Internationale, fondée par Lénine en 1919, a regroupé les partis communistes jusqu'à sa dissolution en 1943.

jacobins : nom donné à des révolutionnaires ardents et intransigeants qui se réunissaient, à Paris, dans l'ancien couvent des Jacobins. Ils dominèrent la Convention de l'été 1793 à l'été 1794 et étaient partisans de la Terreur et de la concentration du pouvoir entre les mains de quelques hommes.

judiciaire (pouvoir) : il est chargé de l'application de la loi. Il poursuit et condamne ceux qui ne la respectent pas. Il tranche les conflits entre les personnes et entre les personnes et les collectivités.

laïcité : valeur fondatrice et principe de la République. Elle assure la neutralité de l'État en matière de religion, la liberté de conscience et la liberté d'opinion.

légions romaines : l'armée romaine, très disciplinée, était organisée en légions elles-mêmes divisées en cohortes, manipules et centuries.

législatif (pouvoir) : il est chargé d'établir et de voter les lois. Dans une démocratie, il appartient aux assemblées de représentants élus par la nation. Le pouvoir législatif peut éventuellement renverser le pouvoir exécutif ; c'est le principe de la responsabilité gouvernementale devant les assemblées.

légitimité : état de ce qui est légitime, légal, juste, bien-fondé.

légitimiste : partisan pour la succession au trône de France de la branche issue directement des Bourbons (Charles X et sa lignée).

libelliste : auteur de libelles, de courts écrits satiriques, de pamphlets.

limes : frontière fortifiée de l'Empire romain.

loi salique : code de lois fixant les compensations financières des crimes et délits chez les Francs saliens (autrefois riverains de la Sala, branche du Rhin, aujourd'hui IJssel). Entre le xive siècle et le xve siècle, un article sur l'héritage des fiefs fut abusivement étendu au

royaume : les femmes furent ainsi écartées du trône de France.

manufactures : premières entreprises industrielles où l'on travaillait encore à la main.

maures : terme relatif aux Berbères habitant le Sahara occidental.

maximum : pour stopper une importante hausse des prix, la Convention avait fixé, sous la pression des sans-culottes, le 29 septembre 1793, un maximum pour les prix de vente des denrées de première nécessité.

monarchie de droit divin : régime politique dans lequel le monarque (le seul à disposer de la souveraineté) tire son pouvoir d'une désignation divine.

montagnards : groupe de députés de la Convention ainsi appelés parce qu'ils siégeaient sur les bancs en haut de l'Assemblée. Ces députés s'appuyaient sur le mouvement populaire des sans-culottes.

motion de censure : dans la Constitution de la Ve République, texte proposé par 10 % au moins des députés et exprimant la méfiance de l'Assemblée nationale à l'égard du gouvernement.
À Strasbourg, texte exprimant la méfiance du Parlement européen à l'égard de la Commission. Le vote peut contraindre la Commission à démissionner.

nationalisation : confiscation par l'État (avec ou sans indemnisation) d'une entreprise à ses propriétaires pour la confier à une direction qui la fait alors fonctionner dans l'intérêt de la nation tout entière.

opportuniste : républicain modéré, soucieux de ne réaliser le programme républicain que par étapes, en tenant compte des possibilités de « l'opportunité ».

ordres : la société française d'Ancien Régime est composée de trois ordres : d'une part, le clergé et la noblesse, ordres privilégiés qui ne payent pas d'impôts directs, sauf exceptions, et en prélèvent à leur profit ; d'autre part, le tiers état, qui regroupe l'immense majorité des Français restants et paye des impôts au roi,

au clergé et à la noblesse.

orléaniste : partisan par la succession au trône de France de la branche d'Orléans (Louis-Philippe et sa lignée).

OTAN : sigle de l'Organisation du traité de l'Atlantique Nord, fondée en 1949 entres les États-Unis et les pays d'Europe occidentale et impliquant assistance militaire en cas d'agression.

pamphlet : court écrit satirique qui attaque avec violence la religion, les institutions, le gouvernement, un personnage connu.

papiste : partisan du pape. Dans les langages des guerres de Religion, c'est un catholique soumis à l'autorité du pape.

parité : égalité homme/femme. Une loi de juin 2000 exige que pour l'accès aux fonctions électives, les partis politiques présentent autant de femmes que d'hommes.

parlementaire (régime) : dans un régime parlementaire, le pouvoir législatif appartient au Parlement, c'est-à-dire à une ou plusieurs assemblées dont les membres sont élus par les citoyens. Le gouvernement est responsable devant le Parlement.

pays d'oc : au Moyen Âge, ensemble des pays situés approximativement au sud de la Loire et où le mot « oui » se disait « oc ».

planification : elle consiste à fixer la quantité et la qualité des biens que les entreprises doivent produire au cours d'une période donnée. Il faut pour cela en prévoir les moyens.

plébiscite : lors d'un plébiscite, le peuple est appelé à se prononcer par « oui » ou par « non » en faveur ou contre celui qui détient le pouvoir.

poilus : surnom donné aux soldats français pendant la Première Guerre mondiale.

prédicateur : ecclésiastique qui prêche, qui fait des sermons.

principautés autonomes : petits États indépendants qui s'administrent eux-mêmes.

question : torture légale infligée aux accusés

et aux condamnés dans l'intention de leur arracher des aveux.

quinquennat : limitation à cinq ans du mandat présidentiel (au lieu de sept auparavant).

radicaux : membres du Parti radical et radical-socialiste, fondé en 1901. Ils sont anticléricaux, réformistes et libéraux.

ramadan : mois pendant lequel les musulmans ne doivent prendre aucune nourriture entre le lever et le coucher du soleil.

référendum : consultation directe des électeurs, qui répondent par « oui » ou par « non ».

réformé : protestant, partisan de la Réforme. On dit aussi « huguenot ».

régence : période pendant laquelle, à cause de la minorité du roi, un proche parent, souvent la mère, exerce la réalité du pouvoir.

relaps : hérétique qui revient sur ses aveux.

responsabilité : obligation pour les ministres de quitter le pouvoir lorsque les députés leur retirent leur confiance par un vote défavorable.

rouelle : au Moyen Âge, pièce de tissu en forme de roue imposée aux Juifs comme signe distinctif.

sans-culottes : nom donné aux républicains les plus ardents sous la Révolution française. On les appelait ainsi parce que, hommes du peuple, ils portaient le pantalon alors que la culotte (qui s'arrêtait aux genoux) paraissait aristocratique.

schismatique : est schismatique celui qui ne reconnaît pas l'autorité du pape.

sénatus-consulte : décret adopté par le Sénat sous le premier et le second Empire.

sénéchaux : équivalent dans le Midi des baillis.

subvention territoriale : avant la Révolution, impôt sur la terre payable par tous les propriétaires, quel que soit leur ordre.

taille : impôt royal direct, annuel depuis 1439, sur les roturiers et les terres roturières (donc payée par les nobles du Midi qui en possèdent).

tumulus : tertre recouvrant une sépulture, formé par l'entassement de terre mêlée de pierres.

ultra : personne qui pousse à l'extrême une opinion politique.

universel (suffrage) : système électoral qui donne le droit de vote à tous les habitants adultes du pays. En France, l'exercice du suffrage universel masculin date de 1848, celui du suffrage universel réunissant hommes et femmes, de 1944.

va-nu-pieds : misérable qui vit en vagabond. Paysan révolté.

vaudois : du nom de Pierre Valdo. Membre d'une secte hérétique de confession chrétienne apparue en France au XIIe siècle. Cette secte écarte tout ce qui n'est pas énoncé en termes précis dans la Bible.

vénalité des offices : fait que les fonctions de justice, de finances et de l'armée soient achetées.

INDEX
DES NOMS CITÉS

Crédits photographiques

p. 7 h : Fanny Broadcast/Gamma-Rapho ; p. 7b : BIS/Ph. C. Roux © Archives Larbor ; p. 9 : Emmanuel Berthier/hemis.fr ; p. 11 : ND/Roger-Viollet ; p. 13 h : Bridgeman-Giraudon ; p. 13 b : BIS/Ph. Coll. Archives Larbor ; p. 15 h : Tommaso di Girolamo/age fotostock ; p. 15 b : BIS/Ph. Elena Eliseeva Coll. Archives Larbor ; p. 21 : Manuscrits occidentaux, FRANCAIS 234, Folio 171v/BnF ; p. 23 : Archives Charmet/Bridgeman-Giraudon ; p. 25 : Bridgeman-Giraudon ; p. 27 : BIS/Ph. Coll. Archives Larbor ; p. 31 h : BIS/Ph. Coll. Archives Larbor ; p. 31 b : BIS/Ph. Coll. Archives Nathan ; p. 33 : BIS/Ph. Coll. Archives Nathan ; p. 35 : BIS/Ph. Coll. Archives Larbor ; p. 37 h : BIS/Ph. Hubert Josse © Archives Larbor ; p. 37 b : BIS/Ph. Coll. Archives Larbor ; p. 39 g : Fco Javier Sobrino/age fotostock ; p. 39 d : Collection KHARBINE-TAPABOR ; p. 41 : BIS/© Archives Nathan ; p. 45 : BIS/Ph. Josse © Archives Larbor ; p. 47 g : BIS/Ph. J.J. Moreau © Archives Larbor ; p. 47 d : BEBA/AISA/Roger-Viollet ; p. 49 h : Catherine Bibollet/akg-images ; p. 49 b : Shutterstock/Jose Ignacio Soto ; p. 51 h : BIS/Ph. Hubert Josse © Archives Larbor ; p. 51 b : BIS/Ph. Coll. Archives Larbor ; p. 53 : BIS/Ph. Coll. Archives Larbor ; p. 57 : René-Gabriel Ojeda/RMN ; p. 59 : The National Gallery, Londres, Dist. RMN/National Gallery Photographic Department ; p. 61 h : BIS/Ph. Josse © Archives Larbor ; p. 61 b : BIS/© Archives Larbor ; p. 63 : Hervé Lewandowski/RMN (Musée d'Orsay) ; p. 67 : BIS/Ph. © Archives Nathan ; p. 69 : BIS/© Archives Larbor ; p. 71 g : Daniel Arnaudet/Gérard Blot/RMN (Château de Versailles) ; p. 71 d : BIS/Ph. Coll. Archives Nathan ; p. 73 : BIS/Ph. Coll. Archives Larbor ; p. 75 g : Josse/Leemage ; p. 75 d : BIS/Ph. Michel Didier © Archives Larbor ; p. 77 g : BIS/Ph. G. Dagli Orti © Archives Larbor ; p. 77 d : BIS/Ph. G. Dagli Orti © Archives Larbor ; p. 79 : Josse/Leemage ; p. 81 : BIS/Ph. Coll. Archives Bordas ; p. 83 : BIS/Ph. Hubert Josse © Archives Larbor ; p. 85 : BIS/Ph. Coll. Archives Larbor ; p. 87: BIS/Ph. Coll. Archives Bordas ; p. 89 : BIS/Ph. S. Guiley-Lagache © Archives Larbor ; p. 91 : BIS/Ph. J.L. Charmet © Archives Larbor ; p. 93 : BIS/© Archives Larbor ; p. 95 : BIS/© Archives Larousse ; p. 97: BIS/Ph. Jeanbor © Archives Larbor ; p. 99 : BIS/Ph. Jeanbor © Archives Larbor ; p. 101 : Archives Larousse/Bridgeman-Giraudon ; p. 103 h : BIS/Ph. Coll. Archives Bordas ; p. 103 b : BIS/Ph. Coll. Archives Larbor ; p. 105 : BIS/Ph. Eileen Tweedy © Archives Larbor/D.R ; p. 107 : BIS/Ph. Coll. Archives Bordas ; p. 109 : BIS/Ph. Nadar Coll. Archives Larbor ; p. 111 : BIS/Ph. Michel Didier © Archives Larbor ; p. 113 : BIS/Ph. Mondial/Coll Archives Bordas ; p. 115 : Keystone France/Gamma-Rapho ; p. 117 h : BIS/Ph. Hubert Josse © Archives Larbor ; p. 117 b : BIS/Ph. Coll. Archives Larbor ; p. 119 : Centre National Jean Moulin/Keystone France/Gamma-Rapho ; p. 121 : BIS/Ph. Coll. Archives Larbor ; p. 123 : Roger-Viollet ; p. 125 : BIS/Ph. J.J. Hautefeuille © Archives Larbor/D.R. ; p. 127 : Marc Riboud ; p. 129 : Keystone France/Gamma-Rapho ; p. 131 g : BIS/Ph. Coll. Archives Larbor ; p. 131 d : © Le Figaro/31 mai 1968 ; p. 133 : BIS/Ph. Jeanbor © Archives Bordas ; p. 135 h : AFP Photo ; p. 135 b : BIS/Ph.Coll. Archive Nathan-DR ; p. 137 : Diego Goldberg/Sygma/Corbis ; p. 139 h : Shutterstock/isaxar ; p. 139 b : William Stevens/Gamma-Rapho ; p. 141 : Joël Robine/AFP Photo ; p. 143 : François Guillot/AFP Photo ; p. 148 hg : Photo Harcourt/© La Documentation française ; p. 148 hd : Photo Jean-Marie Marcel : © La Documentation française ; p. 148 bg : Photo Présidence de la République/© La Documentation française ; p. 148 bd : Photo François Pagès /Paris-Match /© La Documentation française ; p. 149 hg : Photo Jacques-Henri Lartigue /© La Documentation française ; p. 149 hd : Photo Bettina Rheims/© La Documentation française ; p. 149 bg : Photo Gisèle Freund/© La Documentation française ; p. 149 bd : Photo Philippe Warrin/© La Documentation française.

Photographies de couverture : hg : DR ; hd : BIS/Ph. Hubert Josse/Archives Larbor ; bg : DR ; bd : BIS/Ph. Coll. Archives Larbor.

1905 law of Seperation

"La france est une Republique indivisible, laique, democratique et sociale..."

1958

Édition : Judith Ajchenbaum, Laurence Accardo
Maquette de couverture : Evelyn Audureau, Alice Lefevre
Maquette : Thierry Méléard
Iconographie : Estelle Dhenin, Nadine Gudimard
Coordination artistique : Thierry Méléard
Cartographie : Romuald Belzacq (Légendes Cartographie)
Fabrication : Lucile Davesnes-Germaine
Composition et photogravure : Axiome
N° d'éditeur : 10174284
Imprimé en France par Clerc s.a.s. – Dépôt légal : août 2011
N° d'imprimeur : 10284